徐勇 著

齐国军事史

齊魯書社

图书在版编目(CIP)数据

齐国军事史/徐勇著. —济南:齐鲁书社,2015.10
ISBN 978-7-5333-3419-2

Ⅰ.①齐… Ⅱ.①徐… Ⅲ.①军事史—中国—齐国(前11世纪~前221) Ⅳ.①E293.1

中国版本图书馆CIP数据核字(2015)第252489号

齐国军事史
徐勇 著

主管单位 山东出版传媒股份有限公司
出版发行 齊魯書社
社　　址 济南市英雄山路189号
邮　　编 250002
网　　址 www.qlss.com.cn
电子邮箱 qilupress@126.com
营销中心 (0531)82098521 82098519
印　　刷 山东德州新华印务有限责任公司
开　　本 720mm×1020mm 1/16
印　　张 17
插　　页 3
字　　数 191千
版　　次 2015年10月第1版
印　　次 2015年10月第1次印刷
标准书号 ISBN 978-7-5333-3419-2
定　　价 **59.00元**

序　言

我与徐勇先生相识已久，早在20世纪80年代他担任《历史教学》编辑以及后来他在天津古籍出版社做领导工作时，我们就常常见面，时有过从。徐勇先生不仅业务工作认真敬业，在历史研究上也非常刻苦，我对他的学术水平和出版的众多成果印象深刻，特别欣赏。徐勇先生在科研方面涉猎很广，曾出版过相关著作（含合作）23部，发表各种文章400余篇，累计将近400万字。主持或参加国家级项目4个、省市级项目7个。而其最擅长、最突出的还是关于先秦史和古代军事史的研究。我在这一领域经常向他请教，受益良多。《齐国军事史》就是他在先秦军事史方面的一部力作。

《齐国军事史》曾于1997年6月由齐鲁书社出版，是“齐文化丛书”之一。关于先秦时期的军事史，在本书问世以前，尚无一部从诸侯国的角度进行专门研究的著作。本书之出版，具有难能可贵的首创意义。在先秦时期的各诸侯国中，以齐国的军事史最引人注目，涉及的问题极为复杂，有重要的研究价值，但研究难度较大，非有深厚的学术修养，难以承担此任。徐勇先生迎难而上，经过数年努力，终于完成了这项任务，写出这本专著，不仅其攻关不怕难的学术勇气令人叹赏，更使人佩服的是其学术水平之高。此书出版后，因是从诸侯国角度来研究先秦军事史，故而对于推动这一领域的研究产生了较大的影响。由此之故，此书受到了广泛好评，并获得了一些奖项。但限于当时丛书体例，全书仅十多万字，而且与《齐国科技史》合在一起，读者阅读颇为不便。十多年来，徐勇先生在这一领域继续潜心研究，在原作基础上补充完善，近日又完成了该书的增订本。这部增订本字数增至二十余万字，除作者本人的研究心得外，还吸取了1997年以来学术界相关的最新研究成果，在许多方面提出了新的创见。此书分章研究了从太公建齐到齐王建亡于秦的历史时期内，齐国的军事制度、重要军事人物、著名兵书及其军事思想、重要战争等课题。读者阅读后，将会大有所得。在此，特向读者推荐。

祝愿徐勇先生在学术研究上继续努力，不断推出新佳作！

是为序。

南炳文

2013年12月12日

序 言

王连升

中国历史上产生过许多著名的军事家，留下了许多光辉的军事著作和系统的可供借鉴的军事制度。史籍中还记录了许多对后人极有启迪意义的实际战例。在中国的兵家学说宝库中，尤以先秦时期最为丰富，而先秦时期的各国中又以齐国的军事家和军事著作最为辉煌。历史上的兵家之学是我国宝贵的文化财富，是非常值得我们去认真研究的。

徐勇同志多年来惟日孜孜，一直致力于中国军事史的研究，并取得了令人瞩目的成就。先是撰有《尉缭子浅说》及多篇论文，后又主持了天津市社科重点项目《简明中国军制史》的研究，实为研究中国军事史的年轻学者中的佼佼者。今又将他独立完成的齐文化丛书之一种《齐国军事史》奉献给读者，这是值得庆贺和高兴的事。

齐国历史上产生过姜太公、管仲、齐桓公、司马穰苴、孙武、孙膑、田单等著名军事家，他们大多有著作传世。《汉书·艺文志》和《隋书·经籍志》中载有多种与姜太公有关的兵书，但可惜都失传了，仅存《六韬》一种。《六韬》虽出自战国人之手，但书中保存了姜太公卓越的军事思想。齐人孙武以兵法事吴王阖闾，著有《孙子兵法》十三篇，是中国最早最完整最杰出的军事名著，影响极其深远。司马穰苴为齐国名将，今存《司马法》中记载了他的军事思想。管仲和齐桓公不但是齐国著名的政治家，也是著名的军事家，他们的思想在《管子》一书中有多处体现。关于孙膑，《史记·孙子吴起列传》曾说他“名显天下，世传其兵法”。《汉书·艺文志》载有《齐孙子》八十九篇，但《隋书·经籍志》不见著录，于是，便有人怀疑其真实性，甚至有人干脆否认孙膑的存在。1972年山东临沂银雀山汉墓同时出土了《孙子兵法》和《孙膑兵法》，这种观点不攻自破。

徐勇同志的《齐国军事史》对以上问题及齐国的军事制度和主要战事的经验作了认真的考辨和理论概括，是迄今研究齐国军事史的重要的著作，读者是一定会从中得到教益的。

1996年10月于南开大学

目 录

绪论

纵观先秦时代各诸侯国的军事历史，齐国军事史在其中是内容极为丰富、底蕴极其深厚的。从西周初年姜太公建国到公元前221年齐王建亡国，齐国整个的军事历史也是最值得我们深入研究的重要课题之一。

齐国军事史中体现出来的兵学文化成就显著、博大精深，既是先秦文化的核心内涵，也是中华民族优秀传统文化的重要组成部分。而齐国的军事历史之所以在先秦各诸侯国的历史中能独树一帜，其体现出来的兵学文化之所以成就显著、博大精深，原因有很多，笔者认为其中最重要的有四个方面：

第一，齐国的军事制度从创建之初就传承有序，历经改革，趋于完备。

第二，齐国地灵人杰，名将辈出，在不同历史阶段都涌现出许多值得研究的重要军事人物。

第三，先秦时代产生于齐国的军事著作，无论是从数量上还是从质量上看，在各诸侯国中都是首屈一指的。

第四，历史上齐国参加的各种战争，不仅次数很多，规模各异，而且影响很大，十分重要，在先秦战争史中占有不可忽视的地位。

正是基于这样的认识，本书拟分为四章，分别从齐国的军事制度、齐国的重要军事人物、齐国著名兵书及其军事思想、齐国参加的主要战争四个方面入手，进行不同层次、不同角度的研究，力求使读者对齐国的军事历史能有一个比较清晰、深入的认识。

第一章　齐国的军事制度

第一节 西周时期齐国的军事制度

公元前1057年，武王伐纣灭商，建立周王朝，至公元前771年周幽王被杀亡国，共287年，历11世12王，史称西周。西周时期是齐国从开始建立到逐步奠定基础的时期。这一时期齐国的军事制度资料很少，我们只能根据零星记载并参照西周时期军事制度的总体情况了解其概貌。

一、周初分封后齐国的军队建制

西周初年，姜太公封齐建国之后，面临着一系列的征伐战争。如果没有一定规模的军队，那么他是无法在齐地立足并维持自己的统治的。齐国建立初期的军队究竟是怎样构成的，目前缺少具体的资料加以说明，只能依据西周时期武装力量体制的有关记载进行粗略的分析。

《周礼·夏官·小司徒》对周军的建制是“军、师、旅、卒、两、伍”等描述，今人撰写的某些军制史著作也把

"军"作为西周初期军队的最高建制，或认为"军、师互用"[①]。对此，我们持有不同看法，因为《周礼》系后人所作，其上述记载并没有在金文资料和原始典籍中得到相应的印证。金文中有"成周八师""西六师""殷八师"的记载[②]，原始典籍中则有"洛师""六师"的称谓。[③] 可见，西周时期"军"的建制是不存在的，军队的最高建制单位应仍同商代一样为"师"，每师的兵员大约为3000人。

那些"藩屏"王室的主要诸侯国也有权组建自己的军队。对于各诸侯国军队的建制和数量，研究者们也有不同的说法。一种说法是，周初分封，地方百里为大国，七十里为次国，五十里为小国[④]，"大国三军，次国二军，小国一军"[⑤]。那么，类似齐、鲁这样的大国就应有"三军"，即3万人的军队；还有一种说法是："天子六师，方伯二师，诸侯一师。"[⑥] 那么，类似齐、鲁这样的"元侯"应有两个师，即6000人的军队。我们认为，后一种说法更可靠些，周初诸侯国的军队也应是以"师"为最高建制单位的。而且，与周王室军队相比，诸侯国的武装力量在数量上应处于相对劣势。这种"强干弱枝"的兵力结构，有利于西周初期"礼乐征伐自天子出"的政治格局的维持，可确保王室对各诸侯国的控制。

---

① 刘展主编：《中国古代军制史》，军事科学出版社1992年版，第58页。

② 参见《曶壶》《禹鼎》《小臣□》铭文。

③ 参见《尚书·洛诰》与《诗经·棫朴》等。

④ 《礼记·王制》。

⑤ 《周礼·夏官司马》。

⑥ 《公羊传·隐公五年》何休注。

当然，由于战争的实际需要，齐国军队的兵力和建制也会随着国力的增强而有所变化。姜太公作为一位杰出的军事家，从周代创建齐国伊始，就注重建立一支强大的军队，用以捍卫姜齐政权和对外进行军事扩张。后来因率军队配合周公旦东征平叛有功，周王室派召公奭去授权给姜太公："东至海，西至河，南至穆陵，北至无棣，五侯九伯，实得征之。"①在这种政治形势下，齐国的武装力量肯定会得到不断加强。

二、周初齐国军队的领导体制

西周初年，像其他诸侯国的军队一样，齐国的军队也要接受周王室的调遣。齐国的创建者姜太公就曾奉命派军队配合周公旦进行东征，以平定淮夷叛乱和管叔、蔡叔勾结商纣之子武庚发动的叛乱。姜太公的继任者丁公吕伋也是东征军中的重要将领，并且在周康王当政时入周室担任要职，《左传》中就有"昔我先王熊绎与吕伋……并事康王"的记述。从有关金文资料上看，丁公吕伋此后可能还参加过征讨东南方的军事行动。②

周王为了加强对像齐国这样的诸侯国军队的控制，遂通过"命卿"制度把各国军队中主要军事长官的任免权抓在手里。例如齐国的国氏、高氏二卿又称邦君司马，居于上卿地位，他们就要由周天子直接任命。③ 另外，据有关金文和文

---

① 《史记·齐太公世家》。

② 《班簋》铭文有"王令吕伯曰'以乃师右比毛父'"的记载。

③ 参见王阁森、唐致卿主编：《齐国史》，山东人民出版社1992年版，第150页。

献资料记载，周天子还曾在一些诸侯国的军队中派有监军，以监督其军事行动。[1] 齐国作为一个地位十分重要的东方大国，当也不例外。

在齐国的军事领导体制中，也仿照周王室设有负责处理日常事务的职官，主要是司徒、司马、司空，并称“三事”或“三有事（司）”。司徒主管民政，也负责征集军赋和卒徒[2]；司空又称司工，主管百工劳役，兼管军事上的筑城及武器装备的修造；司马在军事上的作用最为重要，其主要职责是：管理国家军赋、组织军事训练和演习、执行军事法律等。各诸侯国的司马均由周王亲自任命[3]，这样周王室可以通过几个渠道实现对诸侯国军队的控制。据文献记载，司马以下尚有军司马、都司马、小司马、舆司马、行司马、左右司马、家司马等职，当时最低一级的家司马也存在着由周王任命的情况。[4] 这就形成了《国语·鲁语》中所描述的情况：“天子作师，公帅之，以征不德。元侯作师，卿帅之，以承天子。”

西周初期，周王室通过采取上述种种措施，对各诸侯国军队控制得固然比较严密，但是随着政治形势的变化，特别是周王权威的逐渐削弱，诸侯国军队的领导体制随之出现了某些变化。虽然各国发生变化的情况和程度有所不同，但总

---

① 《改善鼎》铭文中有周天子任命善“佐胥豳侯监□师戍”的记载，《礼记·王制》中也有“天子使其大夫为三监，监于方伯之国，国三人”的记述。

② 《国语·周语》曰：“司徒协旅。”韦昭注云：“掌合师旅之众。”

③ 《豆闭簋》铭文载，周天子册命豆闭为“邦君司马”。

④ 见《趞鼎》铭文中的有关记述。

的趋势是，周天子对各国军队的调遣越来越难，而诸侯国国君指挥本国军队进行军事行动的自主权力越来越大。所以，到了西周后期，各诸侯国的军事领导体制实际上已与周初分封之时有了相当大的区别。

齐国的军事领导体制与其他诸侯国相比，还存在着一个重要的不同之处，那就是姜太公本人地位的特殊性。姜太公既是周初的开国元勋，作为周王朝军队的太师——辅佐周天子的最高军事长官之一①，在全国军事事务的决策方面起了重要作用，又是周代齐国的创建者和第一任封君，其地位和权力都高于一般的诸侯，齐国军队可以打着“夹辅周室”②的旗号，名正言顺、堂而皇之地进行征伐和扩张。正是姜太公的这种双重身份及其显赫的地位，使得齐国军队较之别国军队受周王室的控制相对薄弱，其军事领导体制的自主权可能也比其他国家稍多一些。另外，姜太公在齐国推行的“尊贤尚功”政策，集中了不少军事方面的人才，培养出一批齐国自己的各级军事指挥官，也有利于齐国军事领导体制的自主化。

齐国军队中的下级指挥官，史无明确记载，似应与西周王朝的军队相仿。据《尚书·牧誓》等记载，周军中有“千夫长”“百夫长”等武职；据《司马法》，则有“千人之帅”“百人之帅”“十人之帅”,③ 可供参考。

---

① 《诗经·节南山》说：“尹氏大师，维周之氐，秉国之钧，四方是维。”《诗经·常武》中也有“王命卿士，南仲大祖，大师皇父。整我六师，以修我戎”的描述。

② 《左传·僖公四年》载管仲追述齐国历史的话。

③ 《左传·襄公十三年》正义引。

三、西周时期齐国军队的编制和装备

（一）兵种与编制

由于周王朝建国之初，其军队编制的设置是在姜太公的参与和主持下完成的，所以后来齐国军队的编制当与周王朝军队相似。当时军队的兵种主要有车兵和步兵，但与殷商时期不同的是，步兵的作用和地位已有所降低，逐渐失去独立性而成为车兵的隶属步卒。尤其到了西周中晚期，车兵已取代步兵变成军队的主力兵种，战车数量猛增，在周王朝和各诸侯国军队中均居于核心地位。当时的作战方式是以车战为主，与此相适应，军队的作战编制也随之发生了变化，为了便于作战和管理，实行以车兵和步卒相结合的混合编制。这样，“乘”就构成了各国军队的基本编组，也是计算军事实力的基本单位，所谓某国军队有万乘、千乘、百乘，即代表了该国力量的强弱。一乘就是一辆兵车。一乘兵车的人员由甲士、驭手、车属徒兵和后勤杂役等组成。关于每乘兵车的员额配置，研究者也有不同的看法，《周礼·地官司徒·小司徒》郑玄注引《司马法》曰：“革车一乘，士十人，徒二十人。”多数人认为这种每乘30人制比较符合西周时军队的实际情况，甲士10人，其中车上3人：持弓负责射矢的车左、持矛负责击刺的参乘、居中负责驾车的御；车下7人，随车做武士。徒兵20人中，有战斗徒兵15人，另有后勤杂役人员9人。在学术界有人提出过的每乘10人制说和每乘25人制说，可能是因为没有把徒兵计算在内或没有把后勤杂役人员计算在内，这反映了当时徒兵地位的低下。

（二）武器装备

作为一个军事大国，齐国从建国一开始就十分重视武器装备的制造和管理。有关西周时期齐国军队的武器装备，既见于文献记载，又有实物的发现。

当时齐国军队使用最多的进攻性武器当是弓箭和戈。弓箭的产生很早，仅齐地就出土过不少新石器时代的骨制箭镞和石制箭镞。到了商周时代，随着青铜冶炼和铸造技术的提高，用铜箭镞制作的箭已在战场上广泛投入使用。我国考古工作者20世纪70年代在山东胶县西庵西周时期的车马坑中出土过10枚铜箭镞。① 从这些实物可以看出，当时箭的制造达到了相当高的水平。据考证，箭镞上有铤插入木制箭杆之中，为控制箭的飞行方向，箭杆尾部还装有羽毛。戈的出现也可以追溯到原始社会时期，人们最初使用的石戈可能与狩猎活动有关。殷商时代青铜戈已被用于作战，但制作尚嫌粗糙，构造也较简单，只有“援”和“内”。到了西周时期，戈的加工制造技术有了较大的改进，最显著的变化是戈的内已改为弯曲的钩状，并且逐渐加长了刃部，这使其杀伤力大大增强。西周时期齐国人使用的戈，在胶县西庵也曾有实物出土。②需要说明的是，上述西周时期齐国的弓箭和戈，大都是配备在兵车上使用的。除了弓箭和戈之外，齐国军队常用的进攻性武器还有剑、矛、戟等。

---

①② 参见山东省昌潍地区文物管理组：《胶县西庵遗址调查试掘简报》，《文物》1977年第4期。

当时齐国军队所使用的护卫性装备，最典型的当属甲胄，在前述胶县西庵西周遗址中也出土过青铜胸甲①，该甲宽 37 厘米，高 28 厘米，由左中右三片组成。除了胸甲之外，齐国军队投入使用的可能还有背甲、头盔、护腿甲等。

在进攻性武器和护卫性装备之外，西周时期的齐国军队还拥有其他一些装备，如旗、鼓、兵车等，其中兵车也有过实物出土。②这种兵车独辕、两轮，由四匹马驾车，据《司马法》，应称为“元戎”。它驱动较快，制作精良，并装有两组青铜武器。

青铜制造的武器装备数量有限而又比较昂贵，需由国家统一监制、管理，所以与周王室一样，当时齐国也制定了一套武器装备的管理制度。小件武器可由士卒自备自存，而重要的装备和大件武器则要由国家设专人统一管理。③ 一旦爆发战争，在军队出征之前将武器装备分发给将士们，等战争结束后再收回去，集中到国库里统一修缮、存放。

四、西周时期齐国的兵役制度和军赋制度

（一）兵役制度

西周时期的社会结构是“国”“野”分治，周天子和各诸侯国的都邑及其郊区称为“国”；而郊区以外的地方称为

①② 参见山东省昌潍地区文物管理组：《胶县西庵遗址调查试掘简报》，《文物》1977 年第 4 期。

③ 《周礼·夏官司马》中提到的“司兵”“司戈盾”等，都应属于这一类官吏。

"野"。居住在"国"中的人称为"国人"，居住在"野"外的人就称为"野人"（庶人）。"国人"与"野人"的政治地位不同，管理机构也不同。"国"中设有六乡，"野"中设有六遂，分别委派职官掌管。西周时期的兵役制度就是在这一社会基础上建立起来的。据《周礼·夏官司马·大司马》记载，西周军队的组织与"六乡"的居民组织是紧密结合的。当时，兵员的主要来源是"国人"（包括贵族和普通国人），国人有"执干戈以卫社稷"的义务和权利。在军队中，通常贵族担任甲士，作为骨干力量，普通国人充任战斗徒兵①，"野人"则一般没有当兵的资格。而齐国当时所施行的兵役制度与周王室及其他诸侯国虽基本近似却又不尽相同。其不同点在于：与周天子直接管辖的地区及某些诸侯国（如鲁国）相比较，齐国社会中等级结构的划分相对薄弱，"国""野"制度不那么严格。在某种情况下，居于"野"外的庶人也有服兵役的机会。《周礼·地官司徒·遂人》载有："遂人掌邦之野……以令贡赋，以令师田，以起政役。"郑玄注云："遂之军法、追胥、起徒役如六乡。"这反映的似乎就是齐国当时的情况。另据有关金文记载，在齐国"野人"主要来源之一的殷遗民中，就有人曾获得过参军打仗的权利，有个别人甚至还因作战有功而被升为士或大夫。

（二）军赋制度

因军队所需武器装备、军事设备和兵员给养而征敛的费

① 参见黄朴民：《西周军事制度·兵役征赋制度》，《简明中国军制史》，黑龙江人民出版社1991年版，第19页。

用或实物称为军赋，《汉书·刑法志》所说的“赋以足兵”就是这个意思。西周时期，兵车、马匹、大型武器装备等均由国家供给，并设有专门的机构、官吏，负责监制、饲养、存放和管理。国家用以维持这方面开销的手段就是征赋，换言之，征收军赋是为了满足战争中的军费需要，即“共车马甲兵士徒之役，充实府库赐予之用”①。征收军赋的具体规定史无明记，但从《周礼·夏官司马·大司马》所说的“凡令赋，以地与民制之”来看，应当是在“国”“野”制度的基础上进行的，大体上，“国中什一使自赋”②。

我们研究西周时期齐国的军赋制度时，可以将上述周王室征收军赋的情况作为参考，但有两点应补充说明：一是与其他诸侯国相比较，齐国似乎更重视发展商业和手工业，因此其征收军赋的办法更趋于多样化；二是同其他诸侯国一样，齐国还与周王朝保持着君臣隶属关系，有定期向周王室提供军赋的义务。

---

① 《汉书·食货志》。

② 《孟子·滕文公上》。

第二节 春秋时期齐国的军事制度

自公元前770年周平王迁都洛邑，至公元前221年秦统一全国，属于东周时代。以公元前453年为界，东周时代又可以分为春秋、战国两个历史时期。① 春秋时期不同于西周的主要特点是，“王室衰微”“政由方伯”，周天子的影响力不断下降，在很大程度上失去了对各封国的控制。诸侯间竞相争霸，经常爆发战争。这一时期齐国的社会结构、生产力水平以及意识形态都较前有了很大发展，特别是齐桓公、管仲在政治、军事方面所进行的改革，开天下风气之先，影响巨大。与此相适应，齐国的军事制度也发生了许多重要变化。

① 关于春秋时期结束的年代，学术界历来存在着不同的看法，主要有公元前482年说、公元前476年说、公元前469年说、公元前453年说以及公元前404年说等。我们认为，公元前453年说比较合理，因为在公元前453年，赵、韩、魏三家联合灭掉了晋国势力最大的智氏而三分其封地，实际瓜分了晋国并奠定了战国七雄并立的格局。这一事件标志着春秋时期的结束和战国时期的开始。

一、军事领导权的下移及其对齐国的影响

春秋时期，随着政治、经济形势的发展，王权削弱，东周王朝再也不能像西周时那样对各诸侯国发号施令了，甚至出现“社稷无常奉，君臣无常位”① 的局面，周天子有时竟不得不依靠某些大国的力量，才得以平定叛乱、“纳王于王城”②。政治上的这一重大变化，也导致当时军事领导体制发生了深刻的连锁变化。除周天子直接控制的极少数王室军队之外，东周王朝实际上已经无权调遣各个诸侯国的军队，更无法对其各级指挥系统进行干涉了。西周时期那种“礼乐征伐自天子出”的格局，至此变为“礼乐征伐自诸侯出”了，各诸侯国的国君不仅根据自己的需要和军赋保障的程度，随意地组建军队并不断加以扩充，而且还擅自任命各级将帅军吏，擅自发动战争。这些都是对“周礼”明目张胆的蔑视和破坏。如果说在春秋前期，某些大国国势强盛时（如桓公在位时的齐国），出于霸政的需要，打着周天子的旗号所主持的“尊王”会盟，尚能对其他诸侯国的军事行动进行某种形式的协调和制约，那么到了春秋中期以后，这种军事会盟的作用也逐渐降低了。一般来说，“主盟”国对各“参盟”国在军事上已很难再施加约束力，这样，西周以来军事领导体制的一元化不复存在，而代之以多元化的格局。

由于各诸侯国政治、经济发展的不平衡以及军事实力的

---

① 《左传·昭公三十二年》。

② 参见《左传·昭公二十二年》及《史记·周本纪》等。

差异，其军队的领导体制也呈现出多种多样的形式，并且随着各国政局的变化始终在相应地互相制约和不断变化。春秋前期，为了适应大国争霸战争日趋激烈的形势要求，各国军队的组建权和指挥权基本上由本国国君所掌握。国君们经常作为最高统帅亲率军队出征作战，军队中的各级指挥官也大都由国君任命的公室贵族及卿、大夫等充任。这一时期齐国的情况是，经庄公、僖公、襄公三代，靠武力征伐和结盟等手段，扩大了疆域，在东方取得了小霸地位；再经桓公、管仲在政治、军事、经济上的一系列改革，进一步增强了国力，“国以殷富，士气腾饱”，遂以其强大的军事实力，先令鲁、宋、郑等国折服，再迫使楚国躲避退让，终于打着“尊王攘夷”的旗号，“一匡天下，九合诸侯”，取得了春秋首霸的地位。

但春秋中期以后，上述局面开始有所变化，概括来说，就是国君亲自统兵征伐的指挥制度逐渐让位于将帅统兵的指挥制度，“礼乐征伐自诸侯出”再变而为“自大夫出”，许多诸侯国在对外进行争霸战争的同时，其国内争夺军队领导权的斗争也一直伴随着政治斗争而展开。在一些主要的国家中，代表新兴阶级的卿、大夫们势力越来越大，甚至发展到“诛公族，分其邑。各使其子为大夫”①，分别担任各级军政要职以控制军队。有的攫取了军权的卿、大夫还极力架空国君，并以国君名义发号施令，为争夺政治权力和经济利益对其他诸侯国或本国的其他卿、大夫进行讨伐征战。这样长期争夺残杀的结果是逐渐形成了左右各国政局的强卿大宗。

---

① 《史记·十二诸侯年表》。

春秋时期军事领导权下移的另一个突出现象，就是卿、大夫在他们各自的封邑中不断扩充家族武装和私人亲兵，这种“私属”军队不但普遍存在，而且发展很快。西周时期，私人武装的建立通常被王室和公室视为非法。春秋前期，当卿、大夫的私家武装对诸侯国政权构成威胁时，公室对此仍然是不能允许的，甚至会派兵镇压。但是，后来因政治力量的此消彼长，公室实际上根本无法禁止私人武装的发展，往往不得不默认其存在了。这种私属武装在开始时是以血缘为基础的“家族兵”，是为一家一姓的权益而战的。后来，为了适应战争形势的需要，兵员的来源扩大为这些卿、大夫封邑中的人，但仍以血缘亲族为骨干。再以后就基本上没有什么限制了。春秋前期，各国诸侯的君权一般都比较强大，卿、大夫们的私家武装多需随时应召而为公室效力。至春秋中期以降，许多诸侯国国君都已大权旁落。这些国家的卿、大夫们的私卒已基本摆脱诸侯国政权的束缚和制约，不再能够轻易地调动，他们主要已被用于卿族之间的兼并斗争了。有的强宗大族甚至公然将公室军队的人员、装备等加以分割，收编进私家武装之中。① 齐桓公去世以后，齐国发生了诸子争位和崔（杼）庆（封）之乱，使得霸业中衰，后来虽有贤相晏婴“强公室，抑私门”的斗争和景公试图复霸的努力，但姜齐政权经多次内乱，势力已大为削弱。大厦将倾，难以复原。而齐国的强卿大宗陈氏（即田氏），通过几代人的苦心经营，收买人心，已将齐国的军政实权牢牢掌握

---

① 据《左传·襄公十一年》载，鲁国的季孙氏、孟孙氏、叔孙氏“作三军，三分公室而各有其一，三子各毁其乘”。

在手里。他们擅杀公族大臣，操纵国君的废立，势力日益强大。到春秋末期，陈氏终于成功地倾覆了姜齐政权，而代之以田齐政权，从而翻开了齐国历史新的一页。

从总体上看，整个春秋时期，围绕着军事领导权始终进行着错综复杂的斗争。各个阶级、各个阶层在军队中的代表人物，利用不同的时机纷纷登场，扮演着自己的角色，发挥着自己的作用。而这些错综复杂的斗争又和各种武装力量的强弱消长及战争形势的变化紧密相关。最终的斗争结果，东周王室以及各诸侯国军队的指挥系统都发生了不同程度的变化，而这种变化的总趋势是，军事领导权不断下移并呈现出多样化的形态。春秋时期齐国军事领导体制的变化更是极具特点，经历了国君统兵、主盟称霸和国家内乱、陈氏专权，到公室军队完全被陈氏所接管，军事领导权的转移与政治权力的更迭几乎是同步完成的。

二、春秋时期齐国的武装力量体制

（一）齐国军队的扩充及其原因

1. 建立“三军”

春秋时期，为了应付日益频繁而激烈的战争需要，与东周王室之师不断削弱①形成鲜明对比的是，各诸侯国普遍扩充军队，并由此导致了军事制度特别是武装力量体制的一系

---

① 据《中国军事史》第3卷《兵制》作者的考证，平王东迁之后，周王室“已没有原来的二十二师或十四师之多”。《中国军事史》第3卷，解放军出版社1987年版，第36页。

列变化。不少国家都在“师”以上增加了“军”作为最高的建制单位，而齐国则是进行军制改革较早、较彻底的几个国家之一。[①] 据《国语·齐语》记载，齐桓公任用管仲为相，进行军制改革，管仲推行“参其国而伍其鄙”的行政区划，并建立与之相配套的军政体制，把全国军民都纳入其中。具体规定是：“五家为轨，故五人为伍，轨长帅之；十轨为里，故五十人为小戎，里有司帅之；四里为连，故二百人为卒，连长帅之；十连为乡，故二千人为旅，乡良人帅之；五乡一帅，故万人为一军，五乡之帅帅之。三军，故有中军之鼓，有国子之鼓，有高子之鼓。”[②] 齐桓公于公元前685年至公元前643年在位，此时齐国已经建立了“三军”，每军约一万人左右，由齐桓公、国子、高子分别统领。这里要说明的是，三万人的兵力只是根据正式的军队建制而言，当时齐国实际拥有的武装力量似应更为强大。[③]

2. 春秋时期齐国扩军的主要原因

齐国的扩军，既有与其他诸侯国相同的原因，也有其不同于别国的特殊原因。首先，春秋时期齐国的人口数量比商代和西周时期有了较大的增长，并且通过军政改革，逐步放宽了对当兵者资格的限制，这就保证了兵将数量。其次，春秋时期各国的社会生产力较前有了很大的发展，牛耕和铁制

---

① 据《左传·隐公五年》记载，郑国在春秋前期率先建立起“三军”；另据《左传·桓公六年》记载，楚国的斗伯比对楚子说，“我张吾三军，而被吾甲兵”，证明至迟在鲁桓公六年（前706）以前，楚国已建立起“三军”。

② 《国语·齐语》。

③ 《尉缭子·制谈》中就有“有提九万之众，而天下莫敢当者，谁？曰桓公也”的说法。

工具在农业生产上发挥了重要作用，齐国不仅注重发展其得天独厚的“鱼盐之利”，而且同许多国家一样，大力开垦荒地和兴建农田水利设施，使粮食的产量大幅度提高。尤其是经过桓管时代一系列的军政改革，齐国的土地制度、赋税制度等也发生了较之其他国家更为深刻的变化。社会经济的发展和剩余劳动产品的增加，为扩军提供了物质条件。再次，春秋时期的战争较之西周时期更加激烈、频繁，齐国作为一个举足轻重的大国，无论是为了争霸，还是为了生存，都需要有一支规模较大的军队以应付征战。

（二）民军制与常备军制相结合

1. 民军制

春秋时期，许多诸侯国都在西周军制的基础上实行兵农不分的民军制。其中，以管仲在齐国推行的“作内政而寄军令”① 政策最为典型，具体办法是：“春以蒐振旅，秋以狝治兵。是故卒伍整于里，军旅整于郊。”②使居民的组织军事化，便于进行双重管理。当时齐国的这种“民军”基本上是居则为轨，出则为伍，平时为民，战时为兵，“武政听属，文政听乡”③，农忙时在家务农，农闲时集中进行军事训练或出征打仗。《司马法·仁本》言：“冬夏不兴师……春蒐秋狝，诸侯春振旅，秋治兵，所以不忘战也。”《太平御览·兵部》引《司马法》佚文：“春不东征，秋不西伐，月食班师，所以省战。”讲的都是这个意

①② 《国语·齐语》。

③ 《管子·小匡》。

思。与这种“亦兵亦民”的军事体制相适应，军队的各级指挥官中除设有专职的司马负责处理日常军需事务外，文武基本上不分职。当战争爆发时，临时征集军队，由国君任命军官统帅，即《孙子·军争篇》所说的：“将受命于君，合军聚众。”一旦战争结束，士卒解甲还乡从事生产，军官则重新为吏理政。

这种民军制的军队，衣食给养一般由士卒自行解决，而武器装备如兵车、马匹、大件兵器、盔甲等则由国家统一保管，临战再授予士卒。战争结束之后，这些武器装备仍要归还给国家。同许多诸侯国一样，齐国也为此建立了负责制造、修缮和保管武器装备的机构。

《周礼·夏官司马》中对这方面的情况有充分反映：“掌五兵、五盾，各辨其物与其等，以待军事。及授兵，从司马之法以颁之。及其受兵输，亦如之。”“掌六弓、四弩、八矢之法，辨其名物。而掌其守藏与其出入。”“若有甲兵之事，则授之车甲，合其卒伍。”而齐国政府为制造、修缮、保管这些武器装备所支付的费用，实际上也来源于民众所缴纳的军赋。从齐国来看，这种临时征集、寓兵于农的武装力量体制，在春秋前期占据着主导地位，直至春秋中后期仍然存在。

2. 常备军制

民军制并不是春秋时期齐国唯一的武装力量体制。为了适应日益激烈的争霸战争的需要，齐国在各诸侯国中较早地组建起一支相当规模的常备军队。《国语·齐语》中有“令夫士，群萃而州处……夫是故士之子恒为士”一段话，在《管子·小匡》中也有基本相同的文字。我们认为，这里所说的“士”，从前后文来看应指武士。① 这段记载讲的是要从居民中单独划分出一个武士阶层，他们世代服兵役，不再参加农业及其他行业的生产劳动。

常备军的组建，使将吏与士卒之间彼此熟悉，互相了解，在作战时便于指挥和提高战斗力。另外，常备军的将、卒均有一定的生活待遇，并且有较为充裕的时间研究兵法和加强训练，使他们可以比较专心地服兵役，这也是军事学不断发展和作战方式更加复杂之后的客观需要。到春秋晚期，这种常备军制度得到了较大的发展。

春秋时期齐国的常备军，可以分为中央军和地方军两大类。前面所谈到的“三军”等武装力量体制，就属于中央常备军。他们是从事征战的正式武装，是齐国军队的主力。另外，齐国国君的禁卫部队，平时负责保卫都城和王宫，战时又参加作战，也是中央常备军的组成部分。除此之外，出于防卫边疆的需要，齐国还在某些边远地区建立了“都邑兵”。后来，齐国通过战争兼并其他诸侯国很多土地②，开始陆续设置一些“都”和“县”，为了便于控制，又在这些地区组建了“都兵”和“县兵”。如公元前589年，齐军在鞌地为晋军所败后，齐顷公在退却中，“见保者，曰：‘勉之！齐师

---

① 对于这条材料中所说的“士”，学术界有不同的解释。赵守正先生在《管子通解》（上）中译为“士人”。北京经济学院出版社1989年版，第318页。但从当时的情况看，让所有的士人聚居在一起似乎不尽合理。

② 据王志民主编《齐文化概论》考证：“到了春秋末期，齐国的疆界北至渤海，南到泰沂山脉以南之地，西至今聊城县境，东已到今胶莱河以东的黄县、招远一带，成为一个幅员广大的东方大国了。”《齐文化概论》，山东人民出版社1993年版，第7页。

败矣。’”① 杜预注云：“所过城邑皆勉励其守者。”由此可证，当时齐国在战略要地设有保卫城邑及关卡的地方武装，他们都属于地方常备军。齐国的地方常备军既有保卫地方的职责，又有协同中央军队在本地作战的任务。

从整个春秋时期的实际情况来看，齐国同其他一些诸侯国一样，武装力量体制是民军制与常备军制互相结合、长期并存的，但是随着时间的推移，常备军的地位越来越重要了。

三、春秋时期齐国军队的兵种和作战编制

（一）齐国军队的兵种

春秋时期整个社会经济、政治、军事及科技的变革与进步，给当时各国军队的兵种建设带来了深远的影响，其主要标志是兵种的增加和各兵种在军队中所占地位的改变。与殷周时代只有车兵、步兵两大兵种不同，春秋时期军队中已开始形成车兵、步兵、舟兵、骑兵四大兵种。我们认为，齐国作为当时的军事强国之一，应该拥有上述四个兵种。

春秋时期，军队的核心仍然是车兵。一个国家拥有战车的多少，仍被用作衡量其实力强弱的标准，因此一些军事强国常被称为“千乘之国”。而当时在中原地区进行的战争，一般也都是以兵车会战来决定胜负的。春秋前期，

① 《左传·成公二年》。

齐国经过桓公、管仲的改革，军事实力大为增强，已“有革车八百乘”①。在齐国与晋国等进行的鞌之战中，晋国动用兵车达八百乘，齐国出动应战的兵车也有数百乘。著名的军事家孙武在总结当时的战争情况时说：“凡用兵之法，驰车千驷，革车千乘，带甲十万。”② 他把各种兵车放在首位，说明车兵在春秋时期仍然是最重要的兵种之一。当然，这种情况自春秋晚期起发生了变化，由于步兵的地位迅速提高，车兵的重要性逐渐降低了。从齐国的情况来看，这一演变过程与其他主要国家是大致同步的。

步兵是一个古老而人数众多的兵种，在夏商和西周前期曾发挥过重要作用。从西周后期至春秋前期，由于车战逐渐成为主要的作战方式，步兵的主要兵种地位曾有所下降，开始被车兵所取代，从某种意义上说甚至不再是一个单独的兵种，而成为车兵的从属部分了。但是，车战毕竟要受地理环境等条件的制约，只适宜在平原地带进行，而步兵作战的领域则要广阔得多，因此在一些有山的地区进行的战争中，步兵仍然具有相当大的威力。尤其到了春秋中晚期以后，步兵的地位更是日益重要，许多诸侯国都出现了由步兵单独作战的情况。从有关史书的记载来看，齐国的独立步兵发展相对缓慢，比不上晋、吴、越等大国，也不如郑、卫这样的小国。但齐国与这些步兵发展较快的国家或为邻国，或彼此常有战事发生。为了同他们相抗衡，齐国军队加快步兵建设的步伐势在必行，况且齐国境内丘陵、山区亦不在少数，需要

① 《国语·齐语》。

② 《孙子·作战篇》。

步兵驻守和作战，所以至迟在春秋战国之交，步兵在齐国再次成为主力兵种之一。

舟船在商周时期可能已被用于军事行动，但尚局限于军事后勤等个别领域。到了春秋时期，随着战争扩大到江、河、湖、海各种水域，许多诸侯国都相继建立了强大的舟师，舟兵已发展成为一个独立的新兵种。春秋中后期，由于驾舟作战技术的进步和造船能力的提高，舟兵得到了更加长足的发展。齐国早期舟师建立的具体情况，史书中没有直接记载，但从一些间接记载中还是能发现不少线索，如公元前485年，吴王夫差曾派大夫徐承“帅舟师，将自海入齐。齐人败之，吴师乃还”①。吴国是当时实力最强的舟师大国，其舟师称为“余皇”，不仅能在内河作战，而且有从海上进攻齐国的能力，但吴国舟师的这次攻齐遭到挫败，由此可见，齐国在春秋中后期当也拥有实力不弱的舟兵。

关于骑兵的起源，是我国学术界“千年聚讼”的老问题。而齐国何时有了骑兵部队，学者们也有不同看法。我们认为，我国早在殷商时代就有乘骑之习，也有少量的骑兵②，但主要是用于驷传及追捕逃奴，并无军事意义。春秋时期骑兵有了初步发展，但数量仍很少，通常是和车兵混合编组，仅仅作为一个新兴的、半独立的兵种存在。并且，当时的骑兵形式主要是被某些边远地区的游牧民族所采用，在中原地区，骑兵在军事上尚无多大作为。直到春秋战国之

---

① 《左传·哀公十年》。

② 参见于省吾《殷代的交通工具和驷传制度》一文中的有关考证，《东北人民大学人文科学学报》1955年第2期。

交，骑射才开始较广泛地应用于战争，在一些诸侯国中出现了专门的骑兵部队。① 齐国骑兵的发展情况也不例外。值得注意的是，春秋时期齐国与一些游牧民族为邻，也曾与他们的骑兵打过仗②，这对齐国本身骑兵部队的建立与发展起到了促进作用。

（二）齐国军队的作战编制

1. 车兵的作战编制

据《孙子·作战篇》等文献记述，春秋时期的兵车有不同的种类，名目繁多③，但它们都是以“乘”为基本单位的，每乘兵车配备一定数量的甲士和徒兵。甲士一般由“国人”担任，地位较高；而徒兵则由“野人”担任，地位较低。

春秋时期齐国军队的每乘兵车究竟配备有多少甲士、多少徒兵？有关文献的记载不尽相同，例如同是来源于齐国兵书《司马法》中的材料，就有“三十人制”和“七十五人制”两种说法。④ 参考目前所见各种看法，似乎可以对此问

---

① 据《战国策·赵一·知伯帅赵韩魏而伐范中行氏》记载，赵襄子在准备与知伯作战时，“乃使延陵生将车骑先之晋阳”；《韩非子·十过》中也有相似的记载。可见当时晋国的赵氏已拥有骑兵部队。

② 《管子·小匡》。

③ 据蓝永蔚考证：“战车的战术性能，若以其作战特点分类，则称攻车、守车或驰车、革车；若以其运动速度分类，则称轻车、重车。”参见蓝永蔚：《春秋时期的步兵》，中华书局1979年版，第68页。

④ 《周礼·地官·小司徒》注引《司马法》曰：“革车一乘，士十人、徒二十人。”而服虔注《左传·成公元年》、《礼记·坊记》之《疏》并引《司马法》佚文则曰：“长毂一乘，马四匹，牛十二头，甲士三人，步卒七十二人，戈楯具备，谓之乘马。”

题作这样的解释：春秋前期齐国军队采取的是与西周时期大致相同的作战编制，一般每乘为30人，其中甲士10人，徒兵20人。如《吕氏春秋·简选》所记述的："齐桓公良车三百乘，教卒万人，以为兵首，横行海内。"举其成数，正好一车30人。到了春秋中后期，齐国等诸侯国车兵的作战编制发生了重要变化，一般每乘为75人，其中甲士仅为3人，而徒兵则增加到72人。这主要是因为充当徒兵的"野人"在春秋中后期大量增多，徒兵在战争中的作用也加强了。

2. 步兵的作战编制

春秋前期，齐国尚无正式的建制步兵，至春秋中期以后，步兵在齐国才得到较快的发展，而以"伍"为基本单位、以"军"为最高单位的作战编制也逐渐固定下来。据《国语·齐语》载，其具体的编制是：伍、小戎、卒、旅、军。人员配备为：五人为伍，五十人为小戎，二百人为卒，二千人为旅，一万人为军。春秋后期，各种方阵在作战中越来越多地被使用，这些方阵都是由步兵按一定的队形排列组成的。《国语·吴语》载："陈士卒百人，以为彻行百行。……十行一嬖大夫，建旌提鼓，挟经秉枹。十旌一将军，载常建鼓，挟经秉枹。万人以为方阵。"又《左传·昭公元年》载："为五陈以相离，两于前，伍于后，专为右角，参为左角，偏为前拒。"这些史实均系当时步兵方阵情况的真切反映。春秋时期齐国步兵的排阵队形虽史无明确记载，但与上述吴国步兵和晋国步兵的阵形应相去不远。

四、春秋时期齐国的兵役制度及其变化

（一）“国”“野”界限的缩小和征兵范围的扩大

恩格斯说过：“公共权力在这里体现在服兵役的公民身上，它不仅被用来反对奴隶，而且被用来反对不许服兵役和不许有武装的所谓无产者。”① 春秋前期，包括齐国在内的许多诸侯国仍然保留着西周以来“国人”当兵、“野人”（庶人）不当兵的传统。这种传统的形成，与长期以来“国”“野”之间政治、经济地位的不平等密切相关。春秋中期以后，随着社会历史的发展，这种传统界限被逐步打破了。

首先，日趋频繁、激烈的战争使“国人”的兵役负担过于沉重，兵源问题日渐突出，不能不设法从“野人”（庶人）阶层中去寻求解决。

其次，社会经过了相当长时期的持续发展之后，人口增加很快，各处的居民点更加密集，“国”“野”间有了较多的相互交往与渗透。“野人”（庶人）的政治地位虽然还低于“国人”，但他们的经济地位已经与“国人”很接近了。

在这种情况下，许多诸侯国纷纷废除了只有“国人”才能当兵的特权，扩大了征兵的范围。齐国是这方面改革较快的国家之一，在齐桓公、管仲时代开始推行的军政改革，加快了这一进程的实现。齐桓公、管仲以及其后的齐国统治

---

① 参见《马克思恩格斯选集》第4卷，人民出版社1972年版，第126页。

者，在全国范围内采取的“参其国而伍其鄙”的措施，促进了“国”“野”之间的联系和沟通，并使其制度化。而实行“匹夫有善，可得而举也”① 的政策，则进一步提高了“野人”（庶人）的地位，那些“野鄙”中有才能的人，也有机会服兵役甚至当甲士。这就使齐国的兵源问题得到了较好的解决，军队得到了大幅度扩充，也导致了军事制度上的一系列变化与进步。

“野人”（庶人）阶层在一定程度上取得了当兵的合法资格后，其社会地位又得到了提高，在各个方面与“国人”的差别缩小，到后来终于逐渐地合而为一了。

（二）军赋的改革和“赋役合一”政策

军赋，是一个国家的军事行动得以正常进行的经济保障。春秋时期各诸侯国所实行的军赋制度不仅复杂多样，而且是动态多变的。从总体上来看，春秋前期，由于战争的规模相对较小，战争持续的时间有限，各国间的军事行动也不很频繁，军费的需求还不算太大。② 所以这一时期内军赋的征收与西周时期相比，并无多少差别，仅向有资格当兵的国人征收军赋，“野人”（庶人）则只需缴纳其他租税而不缴军赋。

春秋中期，随着战争规模的不断扩大和军费需求的剧增，各诸侯国先后打破了“国”“野”的界限，进行以调整军赋征收方式及扩大征收量为核心的军制改革。在这方面晋国率先

---

① 《管子·小匡》。

② 《周礼·天官冢宰·大宰》郑玄注：“邦中之赋，二十而税一，各有差也。”讲的应该就是春秋前期的军赋征收量。

迈出了第一步。公元前645年（晋惠公六年），“晋于是乎作爰田。吕甥曰：‘君亡之不恤，而群臣是忧，惠之至也，将若君何？’众曰：‘何为而可？’对曰：‘征缮以辅孺子。诸侯闻之，丧君有君，群臣辑睦，甲兵益多。好我者劝，恶我者惧，庶有益乎！’众说，晋于是乎作州兵”①。晋国“作州兵”之后，在军事上收到了实效，兵源充足，军费增加，得以长期称霸中原。继晋国之后进行类似的军制改革的还有：鲁国于公元前594年（鲁宣公十五年）实行的“初税亩”以及公元前590年（鲁成公元年）的“作丘甲”②、楚国于前548年（楚康王十二年）实行的“量入修赋”③、郑国于前538年（郑简公二十八年）实行的“作丘赋”④，等等。

上述这些改革的共同特点是：除打破了过去只准“国人”当兵而不让“野人”（庶人）当兵的旧制外，还以经济改革促进军制改革，开始向“野人”（庶人）阶层征收军赋，并且逐渐把军赋与兵役联系起来，采取实质上的“赋役合一”政策。其主要目的是为了在扩充军队的同时扩大国家的经济来源，以应付日益庞大的军费开支。

从时间上看，齐国的军制改革进行得比较早，但在赋税征收与兵役制度结合的程度上，尚不如上述一些诸侯国彻底。同其他国家相比，春秋时期齐国的军赋制度也有两个值得注意的特点：

第一，齐国配合“参国伍鄙”制实行了“相地而衰征”

---

① 《左传·僖公十五年》。
② 此二事分见《左传·宣公十五年》《左传·成公元年》。
③ 《左传·襄公二十五年》。
④ 《左传·昭公四年》。

政策，即对全国的土地进行普查后，按土地质量的好坏收取实物，使土地租赋的收入可直接提供军需之用。

第二，为了保证军费开支，齐国统治者根据本国商业、手工业较为发达的情况，征收名目繁多的赋税，特别是在各国中首创的盐铁专卖制度，开辟了两条极为重要的财源。总之，齐国是春秋时期兵役制度改革较早的国家，其赋税征收政策也极有特点。虽然在二者的结合方面，齐国比晋、鲁、楚、郑等国落后，但是随着社会历史的进步和军事大环境的变化，军赋制度改革的继续深入是必然趋势，“赋役合一”政策在齐国也逐渐得到了较好的实施。

春秋时期各诸侯国相继进行的兵役制度和军赋制度方面的改革，是以整个社会经济的发展为背景的，而征兵范围和征收军赋范围的扩大，以及“赋役合一”政策在各诸侯国（包括齐国在内的）的推广，反过来又加速了这些国家社会经济前进的步伐。

五、春秋时期齐国军队的武器装备和后勤保障

（一）武器装备

春秋时期各诸侯国武器装备的管理体制，基本上承袭西周时期的制度而略有改变。重要的武器装备原则上仍由国家统一监制、管理。当战争爆发时，分发给出征的将士们，待战争结束之时，再一一清点后交还国家，由专人负责存放、修缮、制造。春秋末期的大军事家孙武在《孙子·作战篇》

中所说的“取用于国”，反映的应当就是这样一种武器装备的管理体制。但与西周时期稍有不同的是，春秋时期除了各诸侯国在都城中建有存放武器装备的“武库”之外，一些有势力的卿、大夫敢于同国君分庭抗礼，在各自封地的都邑中也建有“武库”，他们制造、存放的武器装备专供自己的私属武装使用。《左传·昭公二十七年》记载：

> 郤宛直而和，国人说之。鄢将师为右领，与费无极比而恶之。令尹子常贿而信谗，无极谮郤宛焉……曰：“令尹好甲兵，子出之，吾择焉。”取五甲五兵，曰：“置诸门，令尹至，必观之，而从以酬之。”及飨日，帷诸门左。

这条材料真实地反映出当时卿、大夫家存有大量武器装备的事实。童书业先生在《春秋左传研究》中曾考证：“古车马兵甲等武装皆藏之贵族府库及厩，战时则出之以授士民之应军役者。”① 他也注意到春秋与西周两个时期在武器管理体制方面的微小差异。春秋时期各种武器装备一般都由诸侯国国君或有势力的卿、大夫设置的手工作坊生产制造，并铸有监制者的族、地铭记，武器管理的专职官吏较之西周时期也有了更细的分工。

随着科技水平和制造技术的提高，春秋时期各国军队的武器装备有了不少新的发明和改进。兵车的制造比西周时期的种类更为齐全。舟船的建造质量提高很快，已具有沿海航行数千里的能力。大型的攻城器具和军事工程设施也得到了

① 童书业：《春秋左传研究》，上海人民出版社1980年版，第199页。

初步的发展。当时的武器虽仍以青铜的为主，但已有少量铁制兵器投入使用。根据“兵不杂则不利，长兵以卫，短兵以守。太长则难犯，太短则不及”① 的战术思想，步兵作战时，同伍之人分别配置有五种不同的兵器，一般为：弓矢、殳、矛、戈、戟。具体分工是：“弓矢御，殳矛守，戈戟助。凡五兵五当，长以卫短，短以救长。”② 至春秋中后期，一些新武器如长剑、弩、带钩以及石③等开始使用。

齐国作为春秋时期的军事大国，特别重视武器装备的制造、修缮与管理。当时，齐人认为，武器装备的好坏直接关系到军事实力的强弱和战争的胜败，“兵不完利，与无操者同实；甲不坚密，与伐者同实；弩不可以及远，与短兵同实；射而不能中，与无矢者同实；中而不能入，与无镞者同实”④。从出土实物和有关文献的记载来看，春秋时期齐国的武器的确以锋利耐用而闻名天下。

为了确保武器装备的供给，齐国还建立了相应的制度。据记载，管仲在回答齐桓公关于“齐国寡甲兵，为之若何”⑤ 的询问时，就曾提出过使齐国“甲兵大足”⑥的办法：“轻过而移诸甲兵。”“制，重罪赎以犀甲一戟，轻罪赎以鞼盾一戟，小罪谪以金分，宥间罪。索讼者三禁而不可上下，

① 《司马法·天子之义》。

② 《司马法·定爵》。

③ “石”是一种守城用的武器，即垒石，常与矢一起使用。《左传·襄公十年》记述：“荀偃、士匄帅卒攻逼阳，亲受矢石。”《吕氏春秋·贵直》也记述：“赵简子攻卫附郭，自将兵……乃去犀蔽屏橹，而立于矢石之所及。”

④ 《管子·参患》。

⑤⑥ 《国语·齐语》。

坐成以束矢。美金以铸剑戟，试诸狗马……”[1] 从整个春秋时期的情况来看，齐国国势强盛，生产力获得较大发展，青铜铸造技术和冶铁技术进步很快，齐都临淄的冶铁遗址面积多达40万平方米，在春秋末年成为著名的手工业中心。[2]

（二）春秋时期齐国军队的后勤保障制度

后勤是军队行动的生命线，没有可靠的后勤保障，军队就会丧失战斗力，甚至无法生存。春秋时期，由于战争的需要，各国军队的后勤补给及其器具配备也受到越来越多的重视，并且逐渐制度化了。《孙子·军争篇》在谈到后勤问题时指出：“是故军无辎重则亡，无粮食则亡，无委积则亡。”

春秋前后期，由于战争规模和持续时间变化较大，兵役制度和军赋制度也有不同的特点，所以各国军队军事物资特别是军粮辎重的补给方式也存在着差异，这一点在齐国有比较典型的表现。春秋前期，各国军队后勤保障的主要特点是，在战争中由士卒自备衣物，自带粮草，而不轻易征用敌对国的物资。著名的齐国兵书《司马法》所说的“入罪人之地，无暴神祇，无行田猎，无毁土功，无燔墙屋，无伐林木，无取六畜、禾黍、器械”[3] 就体现了这一时期军事后勤补给的基本特色。春秋中期以后，情况逐渐发生了一些变化。一场战争所持续的时间和出征作战的距离都普遍加长了，单靠自带粮草已不可能满足军队的需要，而依赖长途的后勤补给线

---

① 《国语·齐语》。

② 参见王阁森、唐致卿主编：《齐国史》，山东人民出版社1992年版，第297页。

③ 《司马法·仁本》。

“千里馈粮”[1] 也相当困难，因此这一时期的军事家大多采用“因粮于敌”[2]的办法筹集物资，《孙子·作战篇》中即提出：“故智将务食于敌，食敌一钟，当吾二十钟；萁秆一石，当吾二十石。”这种颇为有效的后勤补给方法，虽不得已而为之，却可节省军费，使“军食可足”[3]，所以在春秋中后期得到了广泛的推行，并对后世产生了重要的影响。

春秋时期的战争使用兵车较多，也有少量的骑兵出现，再加上运输及通讯方面的需要，这一时期的后勤保障需要大量的合格马匹。各诸侯国都非常重视畜养战马，而齐国在这方面始终处于领先地位。《管子·小问》记载：“桓公乘马，虎望见之而伏。桓公问管仲……管仲对曰：‘此驳象也……’”可见齐人对好马的崇拜。另外，在今山东省淄博市临淄区河崖头村西发掘的春秋齐君大墓中，发现有一次杀掉的600多匹殉马，也可证明齐国当时养马业的高度发展。

六、春秋时期齐国军队的训练和管理

（一）春秋时期齐国军队的训练

春秋前期，军事训练的方式与西周时期差别不大，且都在农闲时进行。[4] 春秋中期以降，各诸侯国普遍建立起常备军后，使得士卒有了更多的精力和时间从事军事训练，已不

①②③ 《孙子·作战篇》。

④ 据《左传·隐公五年》，当时四季的军事训练分别为“春蒐、夏苗、秋狝、冬狩”。

再限于“春蒐秋狝”① 的围猎式演习了，而征兵征赋范围的扩大、武器装备的更新以及战争方式的多样化，也使军队的训练显得更加重要。为了提高作战能力，培养和选拔更多的军事人才，许多国家设立专门的机构，由有一技之长的人负责军训。② 一些私人开设的学校也向青少年教授军事技艺。如孔子就说过：“以不教民战，是谓弃之。”③ 他极力倡导进行军事教育和训练，曾亲自给弟子开设过“射”和“御”的课程。

齐国军队的训练，也具有较高的水平。春秋时期齐国许多著名的政治家、军事家都十分重视军事训练。《管子·幼官》中提出过“定选士胜”的见解。《管子·七法》中则认为：“以能击不能，以教卒练士击敺众白徒，故十战十胜，百战百胜。”春秋末期军事家孙武由齐入吴后，曾在吴王阖闾面前按有关规定训练宫女，取得了巨大的成功④，这也从一个侧面反映出齐国将领的训练水平。

（二）春秋时期齐国军队的管理

1. 军法军纪

春秋以前在军事上尚无成文法公布，周王室及许多诸侯

① 《司马法·仁本》。

② 如《左传·成公十八年》记载，晋悼公即位后，分别任命“弁纠御戎，校正属焉，使训诸御知义。荀宾为右，司士属焉，使训勇力之士时使……张老为候奄，铎遏寇为上军尉，籍偃为之司马，使训卒乘，亲以听命。程郑为乘马御，六驺属焉，使训群驺知礼”。

③ 《论语·子路》。

④ 参见《史记·孙子吴起列传》及《吴越春秋》中的有关记载。

国都采用血爵制和功爵制进行赏罚。春秋时期，各国统治者为了更严密地控制军队，在作战实践中陆续制定出一系列军事法规和奖惩制度。① 在有关的先秦古籍中记录有不少军法的内容，如“凡用兵之法，将受命于君”②，“克敌者，上大夫受县，下大夫受郡，士田十万，庶人工商遂，人臣隶圉免”③ 等。尤其值得注意的是，春秋后期晋国名臣赵鞅、荀寅所铸的“刑鼎”，包括有军事法在内的多项法律。④ 它的成文和正式公布在历史上具有重要意义。

春秋时期齐国的军事法律和奖惩制度也是比较丰富的，据《左传·襄公三十一年》记述，在齐庄公时就曾“为勇爵”，杜预注曰：“设爵位以命勇士。”这显然是以军功授爵的一种政策。《国语·齐语》中也有“是故卒伍整于里，军旅整于郊”的规定。特别是在兵书《司马法》中，记载了当时齐国大量的军法军纪，如：“从命为士上赏，犯命为士上戮。”⑤ “国容不入军，军容不入国。”⑥ “介者不拜，兵车不式，城上不趋，危事不齿。”⑦ “小罪聅，中罪刖，大罪刭。”⑧ “纵遁不过三舍。”⑨ 如此等等，值得重视。

2. 指挥调动

春秋时期军队的指挥调动比西周时期有了更为细致的规定，已不再像周幽王那样，仅仅靠点燃烽火调动军队。各级

① 《孙子·计篇》中就认为：“法者，曲制、官道、主用也。”
② 《孙子·军争篇》。
③ 《左传·哀公二年》。
④ 参见《左传·昭公二十九年》。
⑤⑥⑦ 《司马法·天子之义》。
⑧ 《说文·耳部》引《司马法》佚文。
⑨ 《史记·晋世家》集解引《司马法》佚文。

指挥官都持有不同的器械，以齐国为例，“十人之帅执铃，百人之帅执铎，千人之帅执鼓，万人之帅执大鼓”①，以此传递信息，指挥、调动军队。各种器械使用的时间也有分工，“故夜战多火鼓，昼战多旌旗”②。即便是同一种器械，也可以发出不同含义的信号，例如齐国军队使用的鼓，就可以发出 7 种以上的信号。③

① 《左传·襄公十三年》引《司马法》佚文。

② 《孙子·军争篇》。

③ 参见《司马法·严位》：“凡鼓，鼓旌旗，鼓车，鼓马，鼓徒，鼓兵，鼓首，鼓足，七鼓兼齐。”

第三节　战国时期齐国的军事制度

公元前453年，晋国的赵氏与韩、魏两家联合起来，一举攻灭了智氏而三分其地，历史进入了主要由齐、楚、燕、赵、韩、魏、秦七个大国争雄的战国时期。经过了200多年的兼并战争，至公元前221年秦统一全国后，这种局面才告结束。争霸战争和变法改革，是战国时期的两大社会主题。与此相适应，战国军事制度也呈现出许多显著的特点：军权的高度集中，将军临战受命和武官系统的独立；步、车、骑、舟四大兵种地位的嬗递变化；扩军和精兵两种现象的辩证发展；在普遍征兵制的背景下，取消对应征者身份的限制；颁行军功爵制，改变春秋以前军法临阵而设、“刑不上大夫”的做法；等等。所有这些都标志着战国时期的军事制度已趋成熟和完备，在古代军制发展史上占有特殊的地位。这一时期的齐国，政治、经济、军事等方面都较前有了相当大的发展和变化。陈氏（即田氏）从春秋末年开始“专齐政”①，到公元前379

① 《史记·田敬仲完世家》。

年，最终以田齐政权取代了姜齐政权。战国中期的齐国国君齐威王，在改革政治的同时，特别重视军事问题，使齐成为强国。受各方面因素的制约和影响，战国时期齐国的军事制度在春秋时期军事制度的基础上，又有了许多新的、重要的发展变化，并且形成了自己显著的特色。

一、齐国军事领导体制的特点

（一）军事领导权的高度集中

历史进入战国时期后，各诸侯国先后进行了不同程度的变法改革。[①] 国家在政治上加强中央集权的同时，相应地也使军事领导权高度集中到国君手里。各诸侯国的国君是本国军队的最高统帅，高、中级将吏的任命都必须经过国君的批准才算合法，战争的决策权和军队的调动权也完全控制在国君手中，各级将帅则负有领兵作战的职责。

这种高度集权的军事领导体制，是和战国时期各国普遍实行的官僚体制相配套的。文武官吏都凭国家发给的玺印行使职权，免官即失去玺印，丧失职权。在这种体制下，春秋时期经常出现的军政大权被有势力的卿大夫所分割的局面，在相当程度上得以避免。而俸禄制及军功爵制的实行，则使将吏和士卒对新的军事体制持比较拥护的态度，使军事领导权的高度集中得到了切实的保证。国君对各级军事指挥官均

① 魏国有魏文侯、李悝的改革；楚国有楚悼王、吴起的改革；韩国有韩昭侯、申不害的改革；秦国有秦孝公、商鞅的改革；齐国有齐威王、邹忌的改革；赵国有赵武灵王、肥义的改革；燕国有燕昭王、乐毅的改革。

有生杀予夺的全权。秦国著名将领白起的遭遇，就是这方面的典型例子。

国君集中行使军权的另一典型现象，莫过于“符节制度”的普遍实施，即当军队出征作战时，国君用“符”与“节”加以控制。“符”指兵符，多作伏虎形，上有铭文，刻有发兵的规定，可分为两半，底有合榫。左半边授予统兵在外的将帅，而将右半边留在国君处。① “节”呈竹节状，作为通行证件常与兵符一起使用。每当面临战事、需要调兵遣将时，国君就派使者持兵符的右半边与统兵之将联系。除非这两半边的兵符能够完全吻合，否则任何人不得擅自调动50人以上的军队。②

在军事领导权的高度集中方面，战国时期齐国的情况与其他诸侯国基本相似。据《战国策·齐一·成侯邹忌为齐相》和《史记·田敬仲完世家》等史料记载，齐国的著名将领田忌曾率军取得了桂陵之战、马陵之战的胜利，战功卓著，地位显赫，且手握重兵在外。但他与大臣邹忌不和，在邹忌等人的挑拨下，齐王误认为他要谋反，田忌连申辩的机会都没

---

① 1978年在陕西西安南郊丈八沟发现一枚战国时期秦国虎符，其铭文为：“兵甲之符，右在君，左在杜。凡兴士被甲，用兵五十人以上，必会君符，乃敢行之；燔燧之事，虽毋会符，行殹（也）。”此符被称为“杜符”。《秦汉金文录》中著录的战国末年秦“新郪”虎符和《简明中国历史图册》记载的战国“阳陵”虎符等，也有大致相同的错金铭文。

② 战国邯郸之战时魏公子信陵君的“窃符救赵”就是一个典型事例。据《史记·魏公子列传》记述，当时魏国的兵符一半在魏王处，另一半在统帅十万大军的晋鄙手中，晋鄙惧怕秦军，不敢救赵。而想解邯郸之围的信陵君无忌，虽贵为公子，也无权调兵。幸亏侯生献计，通过如姬夫人窃出魏王的一半兵符，才夺了晋鄙的兵权，取得了邯郸之战的胜利。

有，齐王并不费多少气力就剥夺了他的兵权，迫使他逃奔到楚国。这件事的发生固然有其特殊原因和复杂的背景，但至少可以从一个侧面说明齐国国君对军队的控制程度。

（二）将军临战受命制

军权的集中，有利于战争的统一决策。但由于国君对军队的控制越来越严密，对将帅的掣肘过多，而国君本人又一般不亲率军队作战，这就容易造成指挥上的脱节，挫伤将帅临阵指挥的积极性。上述矛盾在战争异常激烈的战国中后期表现得更为突出，而且在各诸侯国中都是普遍存在的。为了解决这一问题，包括齐国在内的一些国家实行了可以称之为将军临战受命的制度。具体做法是，指挥作战的将军出征前，必须由国君亲自任命。国君要“先谋于庙，行令于廷”①，举行隆重的仪式，“君身以斧钺授将”②，以使这位将军所发布的军令具有合法性，同时也是借此机会让将军向国君表示效忠。而一旦国君把象征着权力的斧钺授予他，将军就有了一些在战场上独立进行指挥的权力，甚至握有对各级将吏生杀予夺的大权，即所谓“军中之事，不闻君命，皆由将出”③。这样做的结果，使得军队的调动权与指挥权在一定程度上分离开来，既确保了君权对军队的控制，又使“将能立威”④，调动了统军将帅临阵指挥的积极性。在齐国，也有许多将军临战受命的事例，如：《战国策·齐一·秦假道韩魏以攻齐》记载：“秦假道韩、魏以攻齐，齐威王

①② 《尉缭子·将令》。
③ 《六韬·龙韬·立将》。
④ 《尉缭子·兵令》。

使章子将而应之。”又如：《史记·田敬仲完世家》记述，韩国在魏国军队的大举进攻下，“五战不胜，而东委国于齐。齐因起兵，使田忌、田婴将，孙子为师”。在著名兵书《六韬·龙韬·立将》中，对将军临战受命的仪式有非常详细的描述，这也在一定程度反映了战国时期齐国的现实情况。

（三）武官系统的独立

由于战国时期战争方式的变化，军事思想的高度发展，常备军的普遍建立以及军事训练的经常化等，都需要大批有一定的军事知识、指挥才能和作战经验的专业将吏，这就促使各诸侯国相继建立起独立的武官系统，实行了将、相分职。① 齐国是武官系统独立较早的国家之一。早在春秋末期，齐国的将与相就有逐步分职的趋向，并曾出现某些专职的将军。② 至战国前期以降，将、相分职已成定制，如齐威王在位时，邹忌为相，田忌为将，职责分得很明确。正如《六韬·文韬·举贤》所说的：“将、相分职，而各以官名举人。”

从总体上说，战国时期除楚国外，各诸侯国军队中都有“将军”“尉”等官职，并且在一定时期内多以“大将军”为最高武官。③ 在大将军以下，各国的其他武官设置各有特

① 《尉缭子·原官》：“官分文武，惟王之二术也。”

② 《太平御览》卷二九八引《司马法》中有“大将军”的称呼。《史记·司马穰苴列传》中也记载，齐景公与司马穰苴谈论兵事后，“大说之，以为将军”。

③ 楚国的最高武官为“上柱国”，秦国在不同时期还曾以“大良造”“国尉”为最高武官。

点。由于史料缺乏，我们现在所能知道的战国时期齐国的武官仅有“帅”①、“将”、“师”②、“司马”③ 等。值得注意的是，齐国在武官系统中还划分出作战、参谋、通讯、侦察、训练、工兵以及后勤补给等不同的军事机构。④

战国时期各国的专职武官平时负责军队的管理和训练，战时则奉命率军出征，指挥作战，他们同文官一样不一定是贵族，一般也很少再获得封邑，而是食封建国家的“俸禄”。应该说，文武分职、武官系统独立对于健全和巩固高度集权的军事领导体制具有重大意义。因为在这种情况下，将帅基本上无权过问政事，这就有力地保证了国家政治权力的独立和集中，也保证了国君本人对军事决策的有效控制。同时，实行这种规定亦有利于按照才能和军功对武官进行升降任免。武官系统的独立是我国军制史上一个具有重大意义的进步。

二、战国时期齐国军队的兵种和作战编制

（一）兵种和作战方式的变化

战国时期的齐国军队，从总体上说仍同春秋时期一样，

---

① 早在春秋时期，齐国就设有“乡帅”“卒帅”等，战国时期仍沿袭。参见《国语·齐语》。

② 《史记·孙子吴起列传》有“以田忌为将，而孙子为师”的记载。

③ 《荀子·王制》云：“司马知师旅、甲兵、乘白之数。”据《齐国史》作者考证，指的是齐国官制。参见王阁森、唐致卿主编：《齐国史》，山东人民出版社 1992 年版，第 444 页。

④ 参见《六韬·龙韬·王翼》等文献中的记载。

有步兵、骑兵、车兵、舟兵四大兵种，但在新的战争形势下，每个兵种内部已有了较细的分工，各兵种在战场上的作用和地位也有了较大的改变。

1. 步兵

步兵在战国时期被统称为“带甲”。一个国家拥有“带甲”数量的多少，已成为衡量其军事力量强弱的最重要的标志。当时人们在列举某国军事力量装备时，总是将“带甲百万”“带甲数十万”置于“骑某千匹”“车千乘”之前。由于武器制造技术的改进，使士卒徒步作战时的自我防护能力和对敌杀伤力都得到了增强。随着征兵范围的扩大和兵员身份的变化，各国的步兵数量大幅度增加，成为作战时决定胜负的主力部队。而当时军事训练重心的转移，也由春秋以前的主要训练车士熟习“射”“御”技能，而变为主要训练步卒的步伐和队列、掌握号令、熟习阵法等，也从一个侧面反映了步兵的发展及其地位的日益重要。再加上步兵不受地形限制、行动灵活自如的固有特点，终于使步兵逐渐取代了车兵，再次成为最主要的兵种。在战国时期的步兵中，除了大量直接作战的士卒外，已出现了专门的侦察兵①、通讯兵②、工兵③、辎重兵④等。

战国时期齐国仍为军事大国，其步兵的数量和素质在战

---

① 《尉缭子·踵军令》中说：“兴军者，前踵军而行，合表乃起。”《孙膑兵法·篡卒》中也认为：“不用间，不胜。”兴军和间都是指侦察兵。

② 《尉缭子·踵军令》：“奉王之命，授持符节，名为顺职之吏。”顺职之吏即指通讯兵。

③④ 参见孙金铭《中国兵制史》中有关考证。

国七雄中都居中上水平。齐国步兵的特点是尚勇任武，训练有素。《晏子春秋·内篇杂下》评价说：“齐人甚好毂击，相犯以为乐。”《荀子·议兵》中也谈道：“齐人隆技击。”据《孙膑兵法·陈忌问垒》和《史记·孙子吴起列传》等书记载，齐魏马陵之战时，齐军根据孙膑的安排，在“隘塞死地”设伏，当庞涓率魏国大军进入设伏区后，齐军万弩齐发，魏军死伤无数，齐军大获全胜。这是战国时期齐国以步兵为主力设伏，并与其他兵种配合进行的一次著名战役。正因为齐国的步兵在战争实践中获得过丰富的经验，发挥了重要的作用，战国时期齐国的兵家学者们才注意从理论上对步兵的战法进行研究和总结：“步兵与车骑战者，必依丘陵险阻，长兵强弩居前，短兵弱弩居后，更发更止。敌之车骑虽众而至，坚阵疾战，材士强弩以备我后。”①

2. 骑兵

骑兵在战国前期的战争中仍居于次要的地位。公元前307年赵武灵王实行“胡服骑射”，对骑兵的发展产生了重大影响。其主要措施是：效法北方游牧民族着短衣，束皮带，用带钩，穿皮靴，以利骑兵射箭。此后，骑兵的重要作用受到更多的重视，各国的骑兵均有较大的发展，到战国中后期已分别有了“骑”几千匹乃至上万匹的实力，对于骑士的选拔也有了较高的标准。② 这时虽因战马尚无马蹬而使其

① 《六韬·犬韬·战步》。

② 《六韬·犬韬·武骑士》：“选骑士之法，取年四十已下，长七尺五寸已上，壮健捷疾，超绝伦等，能驰骑彀射，前后左右，周旋进退，越沟堑，登丘陵，冒险阻，绝大泽，驰强敌，乱大众者，名曰武骑之士。”

作战威力受到限制，但骑兵已经成为一个独立的新兵种，在战争中发挥了不小的作用。

骑兵作战的特点是“急疾捷先”①。战国时期，骑兵作为陆军中的快速机动部队而与其他兵种配合使用，主要担负正面突击、邀敌、侧翼包抄、奇袭、长途追击、敌后骚扰等作战任务。齐国在战国时期始终拥有一支强大的骑兵部队。《孙子笺》记载：“齐宣王以文骑六百匹伐燕。”② 有学者据此认为齐国可能是最早使用重装骑兵的国家。③ 正因为战国时期齐国骑兵的广泛应用，以及骑兵在作战行动中地位的日益提高，当时齐国的军事思想家才特别重视对骑兵的建设和运用进行理论上的总结。如孙膑就曾系统总结了骑兵的特点和在战争中的主要用途，他指出：

> 用骑有十利：一曰迎敌始至；二曰乘敌虚背；三曰追散乱击；四曰迎敌击后，使敌奔走；五曰遮其粮食，绝其军道；六曰败其津关，发其桥梁；七曰掩其不备，卒击其未整旅；八曰攻其懈怠，出其不意；九曰烧其积聚，虚其市里；十曰掠其田野，系累其子弟。此十者，骑战利也。夫骑者，能离能合，能散能集，百里为期，千里而赴，出入无间，故名曰离合之兵也。④

后来孙膑又说：

---

① 《吕氏春秋·论威》。

② 《七国考订补》卷一一。

③ 王志民主编：《齐文化概论》，山东人民出版社 1993 年版，第 313 页。

④ 《通典》卷一四九《兵二》引《孙膑兵法》。

> 骑战之道，以虚实为主，变化为辅，地形为佐。……八害者：一，敌乘背虚，寇蹑其后。二，越阻追北，为敌所覆。三，往而无以返，入而无以出。四，所从入者隘，所由去者远。五，涧谷所在，地多林木。六，左右水火，前后山阜。七，地多污泽，难以进退。八，地多沟坑，众草接茂。此八害者，皆骑士成败之机。将必习之，乃可从事焉。[1]

这些论述对于我们深入了解战国时期齐国的骑兵极有价值。

3. 车兵

战国时期各国军队中战车的数量均有不同程度的增加，普遍使用了六匹马驾驭的战车，加强了机动性和冲击力。由于步兵再度崛起，自成兵种，每乘战车配备的作战人员特别是随车徒兵减少了，而对车兵的选拔也有了更高的技术要求，这一点在齐国军队里有较为详细的规定。[2] 战国时期用于作战的兵车比春秋时期有了新的改进，车战的方法也更加精湛了，著名的齐国兵书《六韬》中就有关于车战方法的详细论述。[3] 因此有的学者认为，在赵武灵王变服骑射七八十年后，车兵仍是齐国军队中的主力，骑兵和步兵还是作为车

---

① 《武经总要前集》卷四引《孙膑兵法》。

② 《六韬·犬韬·武车士》："选车士之法，取年四十已下，长七尺五寸已上，走能逐奔马，及驰而乘之，前后左右，上下周旋，能缚束旌旗，力能彀八石弩，射前后左右，皆便习者，名曰武车之士。"

③ 《六韬·犬韬·战车》："敌之前后，行阵未定，即陷之。旌旗扰乱，人马数动，即陷之。士卒或前或后，或左或右，即陷之。陈不坚固，士卒前后相顾，即陷之。前往而疑，后恐而怯，即陷之。三军卒惊，皆薄而起，即陷之。战于易地，暮不能解，即陷之。远行而暮舍，三军恐惧，即陷之。此八者，车之胜地也。"

兵的配合力量，独立作战的极少。[①] 我们对此有不同看法。由于战国时期的战场多及于山泽林薮，车兵较多地受到地形地貌的限制，同时进攻和防御性武器的改进以及城市在军事上作用的增大，使得车兵的威力相对减弱。再加上征兵制度的变化、军队兵卒身份的改变等原因，使车兵的地位逐渐降低了，至战国末期已失去了主力兵种的地位。

但特别值得注意的是，在战国中期以后发生的战争中，步、车、骑三大兵种经常同时出现在战场上，并根据各自的战术特点协同作战，这方面齐国军队中也有许多成功的经验可以总结。《六韬·犬韬·均兵》中有“车者，军之羽翼也，所以陷坚陈，要强敌，遮走北也。骑者，军之伺候也，所以踵败军，绝粮道，击便寇也。故车骑不敌战，则一骑不能当步卒一人。三军之众，成陈而相当，则易战之法，一车当步卒八十人，八十人当一车”的论述。《孙膑兵法·八阵》中也谈道：“车骑与战者，分以为三，一在于右，一在于左，一在于后。易则多其车，险则多其骑，厄则多其弩。”

4. 舟兵

战国时期，舟兵作为一种特殊的兵种，在许多国家中也获得了相当的发展，成为一支配合陆地作战的有生力量。战国时期的战船有多种名称，如大翼、小翼、突昌、楼船、桥船等。船上的战士，有的称为“船军”。据故宫博物院所藏战国铜鉴和从河南卫辉山彪镇出土的战国铜鉴上的水陆攻战

① 王志民主编：《齐文化概论》，山东人民出版社 1993 年版，第 316 页。

图看，当时的战船已有两层，上层为作战的“楼船士”，下层为划桨手，船上还有旗、鼓等指挥器材①，表明当时“水攻”的技术已相当高明。但从总体上看，战国时期舟兵的发展尚处于初期阶段，一是规模还不大，二是地域不广泛，三是当时的军事著作中尚未有对水战专门系统的总结和研究。舟兵的较大规模建设和水战的进一步发展是在秦汉时期。

战国七雄中，舟兵实力最强的是秦国和楚国。齐国拥有较长的海岸线和较多的水域，其舟兵当亦有一定规模。《六韬》中有给部队配备“天潢”“飞江”“浮海”“绝江”等涉水渡河器材的记述②，还有讲述在“与敌人临水相拒”等形势下的战法③，也从一个侧面反映出齐国舟兵发展的信息。

（二）作战编制和军阵的特点

1. 作战编制

战国七雄的步兵编制不尽相同。据记载，秦、魏等国都实行了大同小异的“什伍制”。秦国的什伍制为：

> 五人束簿为伍……五（十）人一屯长，百人一将……五百主，短兵五十人。二五百主，将之主，短兵百。千石之令，短兵百人。八百之令，短兵八十人。七百之令，短兵七十人。六百之令，短兵六十人。国封尉，短兵千人。将，短兵四千人。④

---

① 参见《中国军事史》第3卷《兵制》，解放军出版社1987年版，第58页。

② 参见《六韬·虎韬·军略》。

③ 参见《六韬·豹韬·乌云泽兵》。

④ 《商君书·境内》。

而当时魏国的什伍制则为：五人为伍，十人为什，五十人为属，百人为闾。在伍长、什长、伯长之上，再分千人之将、万人之将、左右将军及大将军。① 战国时期齐国军队的步兵编制，史书中没有详细的记载，上述秦、魏等国的步兵编制情况可以作为参考。

战国时期的车兵仍以乘为基本作战单位，但由于步兵脱离战车重新成为独立的兵种以及车兵地位的下降，每乘战车跟随的徒兵人数逐渐减少了。关于战国时期齐国军队中车兵的编制情况，只能根据《六韬·犬韬·均兵》的记载作一大略介绍："置车之吏数，五车一长，十车一吏，五十车为一率，百车一将。"在实际作战中，又针对平地和险地的不同情况而作不同的编组配置。平地上"五车为列"，队间距离要求大一些；在险地则相反，编成"十车为聚，二十车为屯"，队间距离要求互相靠近一些。

战国中期以后，骑兵也开始有了自己固定的作战编制。据《六韬·犬韬·均兵》所述，齐国骑兵的编制为："置骑之吏数，五骑一长，十骑一吏，百骑一率，二百骑一将。"在平地作战时和在险地作战时，齐国骑兵的编组也有所不同，在平地是："五骑为列，前后相去二十步，左右四步，队间五十步。"② 而在险地则是："前后相去十步，左右二步，队间二十五步，三十骑为一屯，六十骑为一辈。"③

战国时期齐国舟兵的具体编制不详，但与秦、楚等国的情况大致相似，都是以每艘战船为独立的作战单位。

---

① 参见《七国考·兵制》。

②③ 《六韬·犬韬·均兵》。

2. 军阵

战国时期特别是战国中后期，各诸侯国都非常重视对各种阵形之间的攻防演练及不同兵种间的协同作战。《尉缭子·兵令上》中所介绍的布阵方法如下：

> 常阵皆向敌，有内向，有外向，有立阵，有坐阵。夫内向所以顾中也，外向所以备外也，立陈所以行也，坐陈所以止也。立、坐之陈，相参进止，将在其中。坐之兵剑、斧，立之兵戟、弩，将亦居中。

以上方法具有很高的军事学价值，并已被考古发现所印证。战国时期齐国军队的阵形变化也很有特点，在作战中已有方阵、圆阵、疏阵、数阵、锥行之阵、雁行之阵、钩行之阵、玄襄之阵、火阵、水阵等各种类型的军阵出现。①

三、战国时期齐国兵役制度的显著变化

（一）征兵范围的进一步扩大

战国时期，出于兼并战争的需要，各诸侯国进一步扩大了征兵范围，导致了一系列新的征兵措施的出现。

首先，废止了等级征兵制，取消了对当兵者身份的限制。战国时期“国”“野”之间的界限已不复存在，一切适龄、适役的人都要服兵役，农民成为封建军队的主要兵源。随着县制的逐渐完善和郡的陆续设置，各诸侯国大都实行了

① 参见1972年在山东临沂银雀山汉墓出土的战国兵家遗简《十阵》。

郡县制之下的普遍征兵制，齐国也不例外。

其次，服兵役的年限有所扩大。据《周礼·地官司徒·乡大夫》记载："野自六尺以及六十有五，皆征之。"孙诒让《周礼正义》认为，"六尺"可能就是15岁。据湖北云梦睡虎地出土的秦简《编年纪》所载，秦国凡是爵位自不更以下、年龄15岁以上的男子都有被征调服兵役的义务。① 可见战国时期服兵役的年龄一般为15~65岁。但是遇到特别紧急的军情时，则可能打破年龄限制进行征兵，"大抵战国之制，胜甲以上皆籍为兵"②。有时连15岁以下的少年也要被征发，如《战国策·楚二·楚襄王为太子之时》记载，楚大司马昭常防守楚国东部地区时，曾警告齐国使者说："悉五尺至六十，三十余万弊甲钝兵，愿承下尘。"这里所谓的"五尺"，应该指小于15岁的少年。齐国服兵役的年限史无明记，但大体上与其他国家相仿，从苏代谈论齐国兵役所说的："今济西、河北尽已役矣，封内弊矣。"③ 我们即可以看出齐国大量征兵的事实。而《管子·乘马》中出现"童五尺"的习用语，也从一个侧面反映出，在齐国有征用15岁以下少年的事实。

再次，大量征发妇女从军。在以郡县征兵制为表现形式的普遍兵役制条件下，不仅大量男子要从军入伍，适龄妇女也要登入军籍，编入行伍："四境之内，丈夫女子皆有名于

① 参见《文物》1976年第6期。
② 〔宋〕陈傅良：《历代兵制》。
③ 《战国策·燕一·苏秦死其弟苏代欲继之》。

上，生者著，死者削。”① 战国时期的女兵主要参与后勤辎重、粮秣的运送和防守城池的战斗。《墨子·备穴》说：“诸作穴者五十人，男女相半。”同书《备城门》也记有：“守法：五十步，丈夫十人，丁女二十人，老小十人，计之五十步，四十人。”《商君书·兵守》也记载：“守城之道……三军：壮男为一军，壮女为一军，男女之老弱者为一军……壮女之军，使盛食负垒，陈而待令。”《尉缭子·守权》中则有“若彼城坚而救诚，则愚夫蠢妇，无不蔽城尽资血城者”的议论。这些记载说明，战国时期妇女从军作战已成为比较普遍的事实。在齐国，也有妇女入伍参战的具体事例，如《史记·田单列传》记载，在公元前248年的即墨之战中，齐将田单曾将自己的“妻妾编于行伍之间”，并使“老弱女子乘城”。

征兵范围的急剧扩大，加重了包括齐国在内的各诸侯国人民的负担。如果说春秋以前当兵是国人权利和义务的结合，那么战国时期的兵役却很少有权利和光荣可言，而变成了一种单纯的义务。

（二）大规模扩军及其相关问题

1. 战国时期齐国军队的兵力

战国时期，征兵范围的扩大导致了各国军队数量的急剧增加。由于各国疆土面积、民众数量各不相同，影响到各国的兵额多寡不一。战国七雄的兵力随战争形势的发展也在不断变化着，但总的趋势是日益增多。从《战国策》《史记》

① 《商君书·境内》。

等书有关内容的记载中可知各国兵力的大概情况。

秦国：可征军队百余万人，战车千乘，战马万匹。楚国：可征军队百万人，战车千乘，战马万匹。赵国：可征军队数十万人，战车千乘，战马万匹。魏国：可征军队六七十万人，战车六百乘，战马五千匹。齐国：可征军队数十万人，战车、战马数目不详。燕国：可征军队数十万人，战车七百乘，战马六千匹。韩国：可征军队三十万人左右，战车、战马数目不详。七国可征的总兵力达到了五百万人左右，这在战国时代是非常巨大的数字。以上记载虽然只能作为参考，但与实际情况不会有很大差距。其他一些资料也可以对这些数字起到某种印证作用，如《战国策·齐一·苏秦为赵合纵说齐宣王》记载，苏秦对齐宣王说："临淄之中七万户，臣窃度之，下户三男子，三七二十一万，不待发于远县，而临淄之卒，固已二十一万矣。"说明仅齐都临淄一地即可征发二十余万士卒参战。

2. 齐国大规模扩军的原因

第一，进入战国以后，东周王室在政治上已经起不了多大作用，列国间所进行的战争，也由过去的争霸演变为以兼并土地和人口为目的的统一战争。频繁而旷日持久的战争，需要不断地补充兵员。齐国在战国中后期参加的战争相对较少，扩军的幅度在战国七雄中也不算太大，但为了与列国相抗衡，也不得不保持一支强大的军队。

第二，战国时期的人口总数比春秋时期又有了较大的增长，而且经过多年的诸侯兼并，战国七雄中包括齐国在内的每个国家所能动员的人力物力都远远超过了春秋时期的任何一个大国，再加上征兵制度的巨大变化，导致了各国军队可征人数的突增。

第三，各种铁制农具的广泛使用，水利灌溉工程的开凿兴建，农业生产新技术的普及和农作物产量的提高，科技的进步和手工业的发展以及生产关系领域的重大变革，特别是商业的发展和鱼盐之利的开发，使齐国的社会经济获得了快速的发展，也为其庞大军队的武器装备和衣食补给提供了保证。

第四，各种后勤保障制度相继建立起来，《六韬·龙韬·王翼》所述齐国国君的"股肱羽翼七十二人"中，就有后勤职官八人。

这里需要指出的是，战国七雄竞相扩军固然是当时的潮流，但各国并非都愿意在每次战争中投入大量的兵力，因为社会经济的承受能力是有限的。当时兵家中的一些有识之士在注重富国强兵的同时，也开始提倡在战争中以少胜多，精兵慎战。如《尉缭子》全书中精兵思想贯穿始终。齐国一些有识之士对精兵问题也有自己的看法，《六韬·豹韬·少众》分别阐述了在两种情况下，如何"以少击众，以弱胜强"。它认为如果地形有利又有外援，应"以日之暮，伏于深草，要之隘路"；如果地形不利又无外援，则应"妄张诈诱，以荧惑其将，迂其道，令过深草，远其路，令会日暮。前行未渡水，后行未及舍，发我伏兵，疾击其左右，车骑扰乱其前后"。《太平御览》卷三一一引《六韬》佚文中，也有"凡以少击众，避之于易，要之于险，避之于昼，要之于夜"的论述。因此，我们只有辩证地看待战国时期齐国在总体上大规模扩充军队和在具体战争中力求精兵，才能对这个问题的发展演变有一个全面而正确的认识。

四、战国时期齐国的军事训练、武器装备和国防建设

（一）战国时期齐国的军事训练

1. 训练的具体内容及相关制度

与常备军的普遍建立相适应，战国时期各国军队的训练也经常化、制度化了。从齐国的情况来看，军事训练的具体内容十分丰富，大略而言，主要有以下诸项：

第一，队列与阵法的训练。队列训练主要是进退、左右、纵横、分合、起坐跪跑伏等动作的要求和变化。它是所有军事训练中最基础的训练，战国时期齐国军队在进行训练时将其放在非常重要的位置。《司马法·严位》中所强调的“立卒伍，定行列，正纵横”“立进俯，坐进跪”“行慎行列，战谨进止”等，就是齐国军队这方面训练情况的写照。当时队列训练的基本目的，是为了做到人人定位，行列整齐；进退左右，俱成行列；起坐跪伏，俱从号令；疾徐迅缓，皆循节制。① 就诚如《管子·兵法》中所说的：“教其足以进退之度。”

战国时期，随着战争中阵法的日趋复杂化，要求军队在队列训练的基础上开展严格的阵法训练，做到“人习陈利”②，以适应作战的需要。当时齐国军队的阵法训练，注

① 参见黄朴民、徐勇：《战国时期的军事训练及其时代特色》，《军事历史》1994 年第 5 期。

② 《司马法·定爵》。

意让士卒根据阵法的变化，熟练地掌握各种战斗动作和技能，确保临战时能够“位欲严，政欲栗，力欲窕，气欲闲，心欲一”①，从而取得作战的胜利。

第二，识别信号的训练。古代作战在广阔的战场上，广大士卒既听不到将帅的声音，也很难及时看到书面的命令。他们的军事行动全靠听金鼓的声音，看旌旗的挥动。因此，战国时期齐国军队特别重视识别信号的训练，即《管子·兵法》中所说的“教其目以形色之旗”“教其耳以号令之数”。据记载，当时齐国这方面的训练非常具体，要求严格，制定有金鼓旌旗和徽章符节：

> 一曰鼓，鼓所以任也，所以起也，所以进也；二曰金，金所以坐也，所以退也，所以免也；三曰旗，旗所以立兵也，所以制兵也，所以偃兵也。②

用金鼓指挥进退和约束部队：“凡领三军，必有金鼓之节，所以整齐士众者也。”③ 具体地说，就是鸣鼓则进，并根据鼓声的轻重缓急来决定行动的快慢，即《司马法·严位》所说的“奏鼓轻，舒鼓重”的含义。执行不同军务的将士，要佩带不同颜色的徽章，以资识别：

> 一曰，举日章则昼行；二曰，举月章则夜行；三曰，举龙章则行水；四曰，举虎章则行林；五曰，举乌章则行陂；六曰，举蛇章则行泽；七曰，举鹊章则行陆；八曰，举狼章则行山；九曰，举韟章则载食而驾。

---

① 《司马法·严位》。
② 《管子·兵法》。
③ 《六韬·犬韬·教战》。

九章既定……①

第三，技击的训练。战国时期，各国军队都很重视对士卒、将吏的技击训练。这一方面是为了增强将士的体能，但更重要的是为了提高部队的战斗技能，在战场上更好地杀敌求胜。即《管子·七法》所说的："以能击不能，以教卒练士击殴众白徒，故十战十胜，百战百胜。"基于这样的认识，齐国军队着重进行了徒手搏击、角抵、射技、驭术、剑术、游水等方面的训练，并在此基础上选拔出一批"选练之士"，组成被称为"技击"的精锐部队。《六韬》一书中的《武车士》《武骑士》等篇，就分别详细地讲述了齐国选拔和训练车士、骑士的情况。正因为进行了广泛而严格的军事训练，战国时期的齐国军队有较强的战斗力，以"隆技击"而著称。

2. 齐国军队训练的时代特色和地方特色

战国时期齐国军队的训练，具有比较鲜明的时代特色和地方特色。

其时代特色主要表现在，春秋以前"蒐狝"式的军事训练方式已被经常性的专门化的军事训练所代替，这是同军队士卒身份的变化、兵种结构的变化、武器装备的变化以及作战方式的变化密切相关的。战国时期，齐国是军事训练比较先进的国家之一。齐国军队和秦、魏等国军队一起确立了以一教十、以十教百、循序递进、系统正规的新式训练法。《六韬·犬韬·教战》中对这种方法有详细的记载：

① 《管子·兵法》。

将必先明告吏士，申之以三令，以教操兵起居、旌旗指麾之变法。故教吏士，使一人学战，教成，合之十人；十人学战，教成，合之百人；百人学战，教成，合之千人；千人学战，教成，合之万人；万人学战，教成，合之三军之众；大战之法，教成，合之百万之众。

这种由单兵到多兵、由分队到大队、由分练到合成的训练方式不能不说是历史性的进步。其地方特色则主要表现在两个方面：一是齐国军队的训练与其兵种构成的比重有关，除常规内容外，似乎更侧重于本国军队在战争中使用较多的射技、赛马及多兵种的配合等。《韩非子·外储说右上》所讲的齐宣王曾向唐易子问射弋之道，说明“射技”在齐国盛行；流传甚广的“田忌赛马”的故事，则是战国时期齐国君臣重视赛马训练的一个有力证据；而孙膑等人在指挥马陵之战时以骑兵诱敌、以战车为垒、以步卒设伏的史实和《六韬·犬韬·战车》的“步贵知变动，车贵知地形，骑贵知别径奇道”等要求，可以使我们充分认识到战国时期齐人以多兵种配合进行训练和实战的独到之处。二是齐国的兵家学者对军事训练给予了特别的关注，他们的有关论述在深度上和数量上都远居各国之首。例如，《司马法·天子之义》指出：“故虽有明君，士不先教，不可用也。”又如，《孙膑兵法·篡卒》认为：“兵之胜在于篡卒。”再如，《管子·兵法》也说：“因便而教，准利而行。教无常，行无常，两者备施，动乃有功。器成教施，追亡逐遁若飘风，击刺若雷电。”如此等等。这些论述既来源于齐国军队训练的实际经验，反过来又有力地推动了军事训练的不断进步，并且对后世产生了相当深远的影响。

（二）战国时期齐国军队的武器装备

随着社会生产力的发展，特别是冶炼技术的进步，战国时期齐国军队的武器装备比春秋时期又有了长足的进步，这主要体现在三个方面：

第一，传统进攻性武器的杀伤力有了显著提高，矛、戈、戟、剑、箭镞等武器的制作更为精细，刃口更为锐利，而且铁制兵器逐渐增多。上述进攻性武器，在战国时期的齐国军队中都有配备。如《孙膑兵法》一书中就多次提到这些武器如何配合使用的问题。

第二，各国均发明或改进了一些进攻性武器。以齐国为例，投入使用的新式武器有：弩机、云梯、钩拒、铁杖、铁槌、方首铁棓维肦、木蒺藜、铁械锁、环利铁索、铁杙、方胸铁杷、方胸铁叉、匕首、斧、钺等。① 其中，春秋末期开始在战争中使用的弩机，经过不断改进，已成为战国时代射程最远、威力最大的先进武器。②

第三，在进攻性武器不断改进的同时，防护性装备也更多地投入使用。其中值得注意的是铁制甲胄的出现。1965 年在河北省易县燕下都 44 号墓中出土了一件战国后期的铁胄，

---

① 参见《六韬》《孙膑兵法》等书中的有关记载。

② 《荀子·议兵》："魏氏之武卒，以度取之，衣三属之甲，操十二石之弩，负服矢五十个。"《战国策·韩一》："天下之强弓劲弩皆自韩出，谿子、少府、时力，距来，皆射六百步之外。"《史记·孙子吴起列传》记载，孙膑在马陵道伏击庞涓时，"令齐军善射者万弩，夹道而伏"。近年从湖南长沙和河北易县等地都出土了战国时代的弩机实物。

用89片铁甲片编缀而成，制作工艺精湛。[1] 战国时期，战车的形制也得到了改造，并且在作战时有了更细的分工，仅在齐国军队中就有不少这方面的例证。比如，《史记·孙子吴起列传》记载，孙膑在指挥战争时，就曾“居辎车中，坐为计谋”。又如《史记·田单列传》记述，在燕国乐毅大军压境时，齐将田单“令其宗人尽断其车轴，末而傅铁笼。已而燕军攻安平，城坏，齐人走，争涂，以轊折车败，为燕所虏，唯田单宗人以铁笼故得脱，东保即墨”。

（三）战国时期齐国的国防建设

1. 城市和关塞亭障的设防

春秋时期以前，人口相对稀少，城市的规模也不大[2]，而且各诸侯实际控制的版图只有国都所在的城市及其附近地区，彼此孤立自守，各个城邑或居民点间都有大片的荒地。因此，从某种意义上说，当时每个国家只有“点”的概念。春秋战国之交，这种情况开始有了改变，在一些重要城市之间陆续建立起比较密切的政治、经济联系，这就有了“线”的概念。进入战国时期特别是战国中期以后，生产力的发展和人口密度的增加，使城市不断出现，星罗棋布，而且规模越来越大，大片荒芜的土地也得到了开垦，这才逐渐形成了“面”的概念。上述发展过程体现在军事

---

① 参见河北省文物管理处：《河北省易县燕下都44号墓发掘报告》，《考古》1975年第4期。

② 《战国策·赵三·赵惠文王三十年》载赵奢语：“古者，四海之内分为万国。城虽大，无过三百丈者；人虽众，无过三千家者。”

上，有两点重要的影响：一是城市的战略地位大为提高，成为各国在战争中争夺的主要目标。就齐国的情况来看，虽然战国时期城市繁荣，交通发达，但僻处一隅，地形险要，在军事上易守难攻。[①] 所以，在整个战国历史中，与齐国有关的战争有多次涉及城市的攻防。如公元前286年的齐兵伐宋取陶邑和公元前279年的齐燕即墨之战等，都是典型的城市攻防战。《孙膑兵法》等齐国兵书中也都有专门论述城市的攻守问题的内容。二是列国纷纷“完要塞，谨关梁，塞蹊径”[②]，在一些地势险要之处或交通要道上建立关塞亭障，并且派军队驻守。齐国作为一个易守难攻的“四塞之国”[③]，对关塞亭障的建立和驻防自然是不敢疏忽的。《史记·田敬仲完世家》记载的齐威王六年“鲁伐我，入阳关”，即从侧面证明了齐国在军事上对这个问题的重视。

2. 长城的修建及其在军事上的作用

在《孙子·地形篇》中有这样一句名言：“夫地形者，兵之助也。”长城就是古人利用地形、地势建成的一种防御工程。在冷兵器作战时代，它在军事上的重要作用是不言而喻的。因此，修筑长城是当时不少诸侯国国防建设的主要内容，且随着兼并战争的日趋激烈而受到越来越多的重视。

早在春秋中期，齐国即开始在某些地段上修筑长城。洛阳出土的一套编钟上有这样一段铭文：“征齐，入长城，先

① 参见王志民主编：《齐文化概论》，山东人民出版社1993年版，第17、18页。

② 《礼记·月令》。

③ 《战国策·齐一·苏秦为赵合纵说齐宣王》。

会于平阴。”[1]《水经·汶水注》引《竹书纪年》等资料也都记载了春秋末至战国初，齐国曾多次在长城一线与三晋军队作战。[2]

战国初期，齐国开始大规模地“筑防以为长城”[3]，至齐宣王时全线已基本完成。齐长城是一个连亘千余里的大型军事防御工程，其西端起于今山东平阴的防门，绵延东行，经今济南、淄博、安丘、诸城等地，至胶南小珠山的长城岭入海。据有关学者实地调查考证，齐长城基本上是利用原有的堤防连接山脉陆续筑成的，所以也被称为“长城钜防”[4]。在许多地段上依山修建的齐长城非常科学，一般建于岭脊区的外侧，至最高一线尚有一段距离，这样既可以节省大量的人力、物力，也与“丘陵堤防，必处其阳而右背之”[5] 的作战原则相吻合。齐长城的修建，充分体现出齐国劳动人民的聪明智慧。

齐长城的修筑，大都就地取材，用自然页岩石砌成，也有个别段是用土石混合结构筑成。在泰安、莱芜交界的长城岭上，有几处至20世纪80年代末还保持了古齐长城的原貌。[6] 青岛境内的胶南、黄岛也有多处齐长城的遗地。[7]《史

①⑦　参见鲁海、鲁军：《齐长城考略》，《管子学刊》1990年第3期。

②　参见杨宽：《战国史》，上海人民出版社1980年版，第297页。

③　《史记·苏秦列传》之《正义》引《竹书纪年》。

④　《战国策·秦一·张仪说秦王》。

⑤　《孙子·行军篇》。

⑥　参见张华松：《齐长城是如何借助泰山地区地利的》，《管子学刊》1988年第4期。

记正义》引《齐记》载："齐宣王乘山岭之上筑长城……以备楚。"说明齐修长城主要针对楚国，但在不同时期也有防备鲁、赵等国的用意。战国时期，长城已成为齐国国防体系中十分重要的一环。

五、战国时期齐国军队的管理和后勤保障

（一）战国时期齐国军队的管理体制

1. 军功爵制

所谓"军功爵"，就是奖赏军功，鼓励杀敌求胜。它是新兴地主阶级提高军队战斗力的一项重要措施，同时也是士兵争取更高社会地位的主要途径。战国七雄都曾实行过以军功授爵的制度。

爵位被用来奖励军功，主要以在战场上杀敌的多少作为衡量标准。《商君书·境内》与《韩非子·定法》均有"能得甲首一者，赏爵一级"的说法，将士在作战中斩得首级越多，赐爵就越高，"官爵之迁与斩首之功相称也"①。在赐爵的同时，也可获得一定的经济利益。《商君书·境内》中规定：士每进一爵，"益田一顷，益宅九亩，除庶子一人"；大夫每进一爵，"税邑三百家"；卿每进一爵，"赐邑三百家"。爵位越高，越尊贵，越富有，特权越多，这就促使官兵们拼命地争取杀敌立功，以求封爵。

战国时期，全面实行军功爵制最典型的是秦国。商鞅变

① 《韩非子·定法》。

法的主要内容之一就是推行军功爵制。当时秦国规定："有军功者，各以率受上爵……宗室非有军功论，不得为属籍。明尊卑爵秩等级，各以差次名田宅，臣妾衣服以家次。有功者显荣，无功者虽富无所芬华。"① 其基本指导思想就是《商君书·错法》中所讲的："夫民力尽而爵随之，功立而赏随之。人君能使其民信于此如明日月，则兵无敌矣。"据《汉书·百官公卿表》记载，秦国的爵制共有二十级，爵位高低的不同，代表了军队中官兵的身份等级。

齐国是实行军功爵制较早的国家，其有关规定虽然不如秦国那么典型、具体，但在提高军队战斗力方面也曾发挥了一定的作用。例如，齐将田婴从田忌伐魏救韩，战功卓著，威王二十三年被任为相，封于彭城。威王三十四年，又改封薛，赐号靖郭君。② 又如，田单坚守即墨孤城，以火牛阵大败燕军，被齐襄王封于安平，赐号安平君。③

从总体上看，以军功授爵的制度在战国时期发挥了相当大的作用。因为秦国颁行得最为彻底，所以其军队的战斗力最强，对于后来取得统一战争的胜利也起到了重大的作用。齐国实行的军功爵制不如秦国彻底，而且在实际战争中贯彻得也不是很好。战国后期齐国军队的战斗力远不及秦国军队，这也是重要原因之一。另外需要说明的是，战国时期的军功爵制本身也存在着不少弊病，如国君凭个人好恶任意封赐或剥夺臣僚爵位的行为，就影响了这一制度的严肃性。而

① 《史记·商君列传》。
② 《史记·孟尝君列传》之《索隐》引《竹书纪年》。
③ 《战国策·齐六·貂勃常恶田单》。

这一点在齐国也表现得比较严重，以致在很大程度上削弱了军功爵制的积极作用。

2. 趋于完备的军事法律

春秋以前，各诸侯国中率军打仗的绝大多数为贵族将领。同政治上的“礼不下庶人，刑不上大夫”相适应，军队中的奖励和赏赐一般仅以少数贵族军官为对象，而不及于广大的参战士兵。相反，军队中所颁布的临时性惩罚条令，则主要是针对士兵的。战国时期，世袭贵族逐渐走向没落。随着兼并战争的日趋频繁、激烈，各国军队中的奖惩制度及有关法律也更加复杂、完备了。其主要特征有三点：第一，它从根本上改变了商周、春秋时期的军法临时而设的性质，成为具有独立体系的成文法律。它和当时其他法律一样，都已“编著之图籍，设之于官府，而布之于百姓”①，有律可循，有章可依。第二，与军功爵制相结合，以法治军。虽然有关奖惩规定对不同等级的人仍有不同的标准，但是毕竟明确规定了不论是将帅、官吏，还是普通士兵，凡立有军功者，一律可望得到奖励与升迁，而违反了军法的人，则一律严惩不贷。军队中受法面的扩大，是一个重要的进步。第三，惩罚的酷烈程度大大增强。各国统治者都主张用严酷的军法来保证军纪的执行，在这种思想观念的指导下，大量严厉酷暴、充满血腥的军事法规被一一制定出来，其中像收夺爵位、籍没家属、暴尸示众、挖掘祖坟等惩罚措施都是战国时期才有的。这反映出各国统治者的残暴本性，以及他们只有依靠严刑酷法才能维持军队纪律的实际情况。然而，在当时的历史

① 《韩非子·难三》。

背景下，这些残酷的军法又确实在一定程度上起到了提高部队战斗力的作用，因此它的客观存在有某种历史的合理性。

战国时期各诸侯国所实行的军事法律，在严酷程度上也存在着一些差异，其中尤以秦国的军法最为细致、严厉。如《商君书·赏刑》中就有“禁奸止过，莫若重刑”的说法；又如《尉缭子》中的《重刑令》《经卒令》《勒卒令》《分塞令》《兵教上》《兵教下》等篇集中载录了不少当时的军事法律。再如近年在湖北云梦出土的《睡虎地秦墓竹简》，其中有《军爵律》《除吏律》《中劳律》《屯表律》《戍律》《公车司马猎律》等篇，实际上都是系统、细致的军事成文法内容。与秦国相比，齐国的军事法律没有那么完备和严酷，这同战国后期齐国国内政治形势的变化及军队战斗力的削弱不无关系。但齐国君臣对军法在战场上的作用还是比较重视的。《六韬·龙韬·将威》中就明确提出了：“杀一人而三军震者，杀之。赏一人而万人说者，赏之。杀贵大，赏贵小。杀及当路贵重之臣，是刑上极也。赏及牛竖、马洗、厩养之徒，是赏下通也。刑上极，赏下通，是将威之所行也。”《管子·兵法》中也说：“赏罚明，则勇士劝也。”见于文献记载的齐国刑罚也有杀、烹、车裂等多种。①

（二）战国时期齐国军队的后勤保障制度

1. 军队中专职后勤官吏的设置

战国时期，由于列国之间的兼并战争日益频繁和激烈，战争的规模日趋扩大且旷日持久，参战的人数也大幅度增

① 参见《七国考订补·田齐刑法》。

加，再加上军队作战技术的提高、机动性的增强等，后勤保障制度的建立和加强变得越来越重要了。各诸侯国军队中不仅设了负责后勤的专职官吏，而且更加专门化、系统化，成为军事行政管理人员中重要的组成部分。据《秦律》记载，当时秦国各县设有：负责武器制造和供应的“库啬夫”，负责饲养、训练和向部队提供军马的“司马啬夫”，负责征收、保管和分发粮食的“仓啬夫”。《尉缭子·武议》在谈到魏国的军事问题时也提出，要委派专职的后勤官吏进行管理，以确保国家的军事经济控制权：“夫提天下之节制，而无百货之官，无谓其能战也。”齐国负责后勤的专职官吏也自成体系。《六韬·龙韬·王翼》对其名目与职掌有详尽而具体的记载，如“通粮”及“方士”、“法算”等，都是担负某种职责的后勤官吏。

2. 粮秣的管理和后勤基地的建设

战国时期，各诸侯国征收军赋的重心就在粮秣的征集上。《史记·商君列传》所说的“民有二男以上不分异者，倍其赋”，即指以粮秣这一实物形式缴纳的军赋。当时秦国的粮秣管理非常严格，《秦律》中甚至连挪用、冒领和倒卖军粮也规定了惩处办法。齐国对军用粮秣的征集和管理也有其政策①，但在体制上远不如秦国健全和规范。

与粮秣供应密切相关的是后勤基地的建设。战国时期的一些兵书对这个问题也给予了较多的关注。《尉缭子·兵谈》

① 《管子·权修》：“地之守在城，城之守在兵，兵之守在人，人之守在粟。”《管子·七法》：“有蓄积则久而不匮。”《管子·治国》：“民事农则田垦，田垦则粟多，粟多则国富，国富则兵强，兵强则战胜。”

中就有“以城称地，以地称人，以人称粟。三相称，故内可以守固，外可以战胜”的名言。出于兼并战争的需要，各国都控制大量的粮食作为战略储备。秦国不仅招徕三晋的民众来开荒垦田，增加军粮的供应①，而且还在各地建造了不少得到严格管理的仓廪以贮藏粮秣。齐国在后勤基地的建设方面稍逊于秦国，但比其他诸侯国要好。经过多年的开垦耕耘，齐国耕地面积扩大，土壤肥沃，“齐带山海，膏壤千里，宜桑麻”②。战国时期，齐国军队的军粮供给还是比较充足的，当时只有齐国曾与秦国同被称为“粟如丘山”③。另据记载，战国后期齐国还有能力借粮食给其他国家④，可见其粮秣积贮之丰富。

3．马政及其相关措施

车战和骑战都需要大量的马匹，特别是战国中期以后，骑兵全面登上了战争舞台，这就更要求多养战马，选育优良品种，同时还要训练战马作战。因此，马政问题也是当时各国军事后勤保障中十分关键的一项事宜。⑤

在战国七雄中，燕、赵、秦三国充分利用地理优势，一方面开辟了大片的牧马场，另一方面从与之临近的游牧民族

① 参见《商君书·徕民》。

② 《史记·货殖列传》。

③ 《史记·苏秦列传》。

④ 《战国策·齐六·濮上之事》载，盼子曾向齐王建议“易余粮于宋”；《史记·田敬仲完世家》也记述，齐王建六年，“秦攻赵，齐楚救之。……赵无食，请粟于齐”。

⑤ 参见黄朴民、徐勇《战国时期军事后勤保障制度刍论》中的有关考证，《陕西历史博物馆馆刊》第 2 辑，三秦出版社 1995 年版，第 38 页。

那里引进了大批良种马。与上述三国相比较，当时齐国在战马的饲养和训练上均无特色可言，但在同马政相关的措施上有其独到之处。例如，《管子·形势解》中特别强调："马者，所乘以行野也。故虽不行于野，其养食马也，未尝解惰也。"又如，与选配马匹相协调，各国对骑兵的选核也作出了具体规定。而齐国的征选骑兵之法是最详细的。①

① 《六韬·犬韬·武骑士》："选骑士之法，取年四十已下，长七尺五寸已上，壮健捷疾，超绝伦等，能驰骑彀射，前后左右，周旋进退，越沟堑，登丘陵，冒险阻，绝大泽，驰强敌，乱大众者，名曰武骑之士。"

第二章 齐国重要军事人物专论

第一节 地灵人杰，名将辈出
——齐国重要军事人物及其思想概论

一、齐国重要军事人物概述

自公元前 11 世纪姜太公封齐建国至公元前 221 年齐王建亡国的几百年间，在齐国的土地上先后涌现出了一位又一位既威震当时、又流传千古的著名军事人物。可以说，地灵人杰、名将辈出是齐国军事文化的主要特点之一。这些齐国杰出的军事人物，以他们在军事实践中的辉煌业绩和在军事理论上的真知灼见，长久以来一直被人们用文字描述着，用口碑传颂着。正是由于他们的出现，齐国在武装力量建设、兵书著述整理以及军事思想的丰富和发展等许多方面都取得了巨大的成就和先进的经验，其中有些在当时的各诸侯国中是独一无二的，甚至在整个古代社会中都产生过不可低估的深远影响。也正是由于他们的出现，齐国在相当长的时期内保持着军事大国的地位，并且逐渐形成了齐文化中独具特色的兵学传统。因此，我们在研究齐国军事史的过程中，对这些重要的军事人物应给予特别的关注。

齐国的这些军事人物，因其出现的时代不同、军事成就各异、政治地位也存在差别而各有特点，或者说可以把他们分作若干种类型。比如，在西周、春秋、战国三个不同时期涌现出来的齐国军事人物，就具有各自不同的鲜明的时代特色。而从他们各自军事成就的侧重点方面，又可以分为军事指挥家、军事理论家、兵书整理家以及综合型军事人物等。虽然从具体划分上齐国的军事人物有不同的特点和类型，但是从总体特征上看，他们又是一个具有某种共性的群体。我们认为，这个军事人物群体之所以于先秦时代在齐国集中出现，绝对不是偶然的巧合，这同齐国的综合环境（包括政治环境、文化环境、地理环境、战争环境以及社会生活诸多方面）密切相关。

由于齐国历史上杰出的军事人物层出不穷，不胜枚举，限于篇幅，不能一一评述。而且由于年代久远，史料缺乏，某些重要军事人物的生平事迹已难以详考。我们在此只选取姜太公、管仲与齐桓公、司马穰苴、齐威王、孙膑、田单等对齐国的历史发展进程有过直接而巨大影响的重要军事人物进行研究，并着重介绍他们在齐国军事史上的主要贡献和历史地位。

二、关于齐国军事人物研究的几个问题

从前面我们列举的军事人物名单中可以看出，齐国历史

上重要的军事家，相当一部分又是杰出的政治家、改革家或著作家。《齐文化丛书》（齐鲁书社 1997 年版）也大都为他们设有《人物评传》专辑进行全面的研究和评价。所以，在本书中，我们仅从军事史的角度对他们的事迹和思想进行简要阐述，这是需要首先加以说明的一个问题。另一个需要说明的问题是，由于齐国的这些重要军事人物在先秦甚至整个中国古代史上影响很大，后人出于对他们的敬仰和推崇，往往托这些军事家之名述作兵书。如：流传至今的《六韬》就是托姜太公之名而述作；《管子》（其中有 12 篇集中谈论兵法）则是托管仲之名而述作；《司马法》一书的作者也被简单地冠以司马穰苴之名。实事求是地说，这些军事人物和署他们之名的军事作品之间，既可能存在着某种渊源联系（实际情况各不相同，要具体问题具体分析），又存在着不容混淆的重大区别。如何深刻理解包括齐国兵书在内的古代许多兵书形成和流传的特殊过程，正确认识和把握齐国重要军事人物和托他们之名流传的兵学著作之间的联系和区别，是齐国军事史研究中的一大课题，也是我们将这些军事人物及其思想与后面的齐国著名兵书及其军事思想分章进行论述的主要原因。还应附带说明的一个问题是，我们选出来专门论述的只是齐国军事人物中最杰出的代表，其实齐国重要的军事人物远不止这几位。例如，那位活跃于春秋末期、被誉为世界第一流军事谋略家的孙武，因与著名的兵书《吴孙子》（即《孙子兵法》）相联系而名垂青史。但我们对现有的与孙武相关的史料进行分析后发现，从严格意义上讲，对其生平事迹（包括故里家世、生卒年代、战争实践等）的记载，目前尚嫌过于零散和模糊，对某些重要问题过早地下结论，倒不如暂时存疑待考更为科学。况且孙武年轻时就由齐奔吴，其军事思想的形成虽然受到齐国军事学传统的某些影响，但我们认为他毕竟不能算作是纯粹的齐国军事人物。而齐国军事学传统对孙武所产生的影响，也主要是体现在《吴孙子》（即《孙子兵法》）一书中，我们将在研究这部兵书时予以探讨，故在本章中对孙武略而不谈。又如，春秋时期齐国著名的贤相晏婴，不仅在处理内政及外交事务上均表现出很高的谋略与智慧，而且他的某些言论也与用兵任将、富国强兵有直接的关系，托他之名的《晏子春秋》中涉及军事问题的有五篇。但从总体上看，晏婴尚不能算作一位军事家，军事问题在他的思想言论中仅占很少部分。因此，本章中对他也不作专门论述。再如，战国前期齐国著名的稷下先生淳于髡，在整理和弘扬齐国传统兵学方面也有过不少贡献，但从总体上衡量，他同样不能被划入军事人物的范畴。另如，王子城父、隰朋、田忌、章子等不同时期的齐国名将，都曾在战场上取得过一些骄人的战绩，但比较而言，这些将领的军事思想和作战经验中值得总结的东西不多，而且在军事史上的影响相对较小，所以在本章中也都略而不收。虽然由于种种原因，本章中对许多与齐国军事有密切关系或做过某些贡献的人物未能列出并予以专门评介，但我们要强调指出，在对齐国军事思想的发展历程进行全面反思和评述时，他们的名字是不应被忘记的。

第二节 兵家始祖，谋略化身
——姜太公

一、从牧野之战看姜太公的指挥才能

（一）姜太公及其亲自指挥的牧野之战

姜太公，姓姜名尚，字牙（又作子牙）。在有的古籍中，他又被称为吕尚、吕望、吕牙、吕子牙、吕太公、太公望等。姜太公是我国古代一位颇具传奇色彩的人物。他既被公认是先秦兵家的始祖，又被赞誉为智慧、谋略的化身，在军事思想史上占有十分重要的地位。①

由于时代过于久远和可信史料的散佚，我们现在已很难把姜太公的所有军事活动一一弄清楚，但从现存的有关记载

① 参见徐勇：《智勇双全的姜太公》，《中外历史》1987 年第 3 期。

来看，以周王朝的建立为界，他一生的主要军事实践大致可分为两个阶段。① 而在前一阶段中，姜太公亲自策划和参加指挥的牧野之战是其最重要的军事活动。

牧野之战是指公元前1027年（一说为公元前1057年）在牧野（今河南淇县以南、卫河以北地区）爆发的一场改朝换代的战争。这场战争的双方，一方是由周武王姬发和姜太公等率领的以周族为核心的诸侯联军，他们的兵力是：战车300乘，虎贲3000人，甲士45000人；另一方是商纣王以国都朝歌的守军和大批释放奴隶、战俘临时拼凑起来的武装力量17万人。② 虽然力量对比商军占优势，但由于商纣王的统治残暴腐败，民心丧尽，军队临时组建，仓促应战，故士气低落，毫无斗志；周军虽数量较少，却训练有素，准备充分，纪律严明，士气高昂。

二月初五这天早晨，战斗正式开始。周军庄严誓师后即向商纣的军队发起攻击，姜太公亲率突击部队冲锋在前。③ 他一面向商军挑战，以牵制和迷惑敌人，并打乱其阵形，一面在作战中反复申明不准杀害降者，以瓦解敌军。古籍中有“吕尚招麾殷民怀”④ 的记述，说明他的策反工作是卓有成

---

① 第一阶段的主要军事活动为：协助周文王、周武王父子与商纣王的军队作战，最终灭亡了商王朝，建立起周朝的统治；第二阶段的主要军事活动为：封齐前后所参加的巩固齐国政权和东征平叛的战争。参见徐宇之、宣兆琦：《论姜太公治齐及其对齐文化的影响》，《历史教学》1992年第1期。

② 参见张秀平、毛元佑、黄朴民主编的《影响中国的100次战争》一书的有关考证，广西人民出版社1993年版，第10页。

③ 《史记·周本纪》载：“武王使师尚父与百夫致师，以大卒驰帝纣师。”

④ 《荀子·成相》。

效的。商纣军队中的奴隶和战俘临阵纷纷起义，他们掉转戈矛，里应外合，帮助周军作战，于是商朝的十几万大军很快就"皆崩畔纣"①，土崩瓦解了。商纣王仓皇逃回朝歌，"反入登于鹿台之上，蒙衣其殊玉，自燔于火而死"②。周军乘胜追击，一举灭亡商朝。

牧野之战是我国古代著名的战例之一。周军在周武王、姜太公等人的英明领导下，备战充分，指挥得当，终于以小胜大，以弱胜强，摧毁了商纣王的腐朽统治，建立起崭新的周王朝。

（二）牧野之战胜利的经验和姜太公的指挥才能

牧野之战所取得的伟大胜利，可以从军事上总结出几个方面的成功经验，而这些方面也恰恰能够较为充分地体现出姜太公作为军事家的卓越指挥才能。

1. 充分的战前准备

古今许多军事家都清楚地认识到，不打无准备、无把握之仗，是取得战争胜利的一个关键因素。姜太公也不例外。他自从得到周文王姬昌重用后，即与文王、武王父子进行了长期的灭商作战准备。姜太公辅佐周文王、周武王，非常注重从战略上进行谋划并参与决策。史书中称：文王"与吕尚阴谋修德以倾商政，其事多兵权与奇计"③。其中，姜太公在军事方面贡献尤多。我们试举两例：其一，据《说苑》记载："文王曰：'吾欲用兵，谁可伐？密须氏疑于我，可先往

---

①② 《史记·周本纪》。

③ 《史记·齐太公世家》。

伐?’管叔曰：‘不可。其君天下之明君也，伐之不义。’太公望曰：‘臣闻之，先王伐枉不伐顺，伐险不伐易，伐过不伐不及。’文王曰：‘善。’遂伐密须氏，灭之也。”其二，据《左传·僖公十九年》追述：“文王闻崇德乱而伐之，军三旬而不降，退修教而复伐之，因垒而降。”在姜太公的积极策划下，经过类似一个又一个战役，周军蚕食了不少土地，逐步剪除商的许多羽翼。至文王末年，周族的势力已发展到殷商的王畿附近，离朝歌只有二三百里，“天下三分，其二归周者，太公之谋计居多”①。双方的力量对比在不断发生着逆转，在牧野决战开始之前，周军已初步形成了对商的战略包围态势。

2. 成功地联合诸侯

周族军队在积极采取军事行动的同时，姜太公等人还经过周密策划，不断展开外交攻势。这种兵、德并用的政略与战略，使“大国畏其力，小国怀其德”②，不仅瓦解了不少商朝的附庸，最大限度地孤立了商纣王，而且使周在诸侯中享有崇高的威望，文王被公认为“盖受命之君”③，史称：“诸侯归西伯者四十余国，咸尊西伯为王。”④ 当姜太公和周武王“东伐以观诸侯集否”⑤，到孟津进行伐商的演习时，“诸侯不期而会者八百诸侯。诸侯皆曰：‘纣可伐也’”⑥。这些记载是否绝对可靠尚有疑问，但至少有一点可以确定，在

①⑤⑥ 《史记·齐太公世家》。

② 参见王阁森、唐致卿主编：《齐国史》，山东人民出版社 1992 年版，第 123 页。

③ 《史记·周本纪》。

④ 《史记·周本纪》之《正义》。

姜太公等人的努力下，周已取得了“伐交”斗争的重大胜利，其伐商的军事行动得到了大多数诸侯的支持。

3. 准确地把握战机

周武王十一年，商朝内部出现政治动乱，商纣王的统治由于“昏乱暴虐滋甚”[1]，已经众叛亲离，而且商军主力正好被派到很远的东南地区去镇压东夷族，商都朝歌附近的守军兵力相对空虚。姜太公高瞻远瞩，以其战略家的深邃眼光，敏锐地发现了这一有利战机，力劝周武王抓住机遇，兴兵伐商。商周之际在举行军事行动之前，人们都要先进行占卜以定吉凶，“武王将伐纣，卜龟兆不吉，风雨暴至。群公尽惧，唯太公强之劝武王，武王于是遂行”[2]，“到于邢丘，轭折为三，天雨三日不休，武王心惧，召太公而问。曰：‘意者，纣未可伐乎？’太公对曰：‘不然。轭折为三者，军当分为三也。天雨三日不休，欲洒吾兵也。”[3] 姜太公破除迷信，力排众议，在说服周武王的同时，毅然率众前行，充分表现出他作为一名杰出军事家轻天命、重人事的过人胆略和慷慨报答知己的气质风范。

4. “伐谋”的巧妙运用

牧野之战不仅是周族在军事上的胜利，也是他们“伐谋”所取得的巨大成功。姜太公早年在商有过较长时间的活动[4]，情况熟悉，这为他巧妙地“伐谋”“用间”提供了便

---

① 《史记·周本纪》。

② 《史记·齐太公世家》。

③ 《韩诗外传》。

④ 《史记·齐太公世家》说：“太公博闻，尝事纣。”《尉缭子·武议》记载：“太公望年七十，屠牛朝歌，卖食盟津。”

利条件。《孙子·用间篇》中说："周之兴也，吕牙在殷。"《鬼谷子·忤合》中也有"吕尚三就文王，三入殷，而不能有所明，然后合于文王"的说法。《论衡·恢国》中则记述："传书或称武王伐纣，太公阴谋，食小儿以丹，令身纯赤，长大，教言'殷亡'。殷民见儿身赤，以为天神。及言'殷亡'，皆谓商灭。"姜太公"伐谋""用间"的成功，我们从以下几个方面可以看出：一是能巧妙地利用舆论，制造假象以迷惑敌人。二是对敌情了如指掌，能针对商王朝内部情况的变化，适时而正确地提出相应的对策，战机未到时引而不发，时机一旦成熟立即发起进攻。三是对用兵的地形地势非常熟悉，可以选择最佳的进军路线和作战战场。四是策反工作卓有成效，战争爆发之前，已有大量商朝文武官员投奔西周，战争进行中，又有大批商军和奴隶、战俘临阵倒戈。所有这些，对牧野之战的最终胜利，都起到了极为重要的作用。

5. 严明的军队纪律

一支军队战场纪律的好坏，与其作战能否取得胜利有直接的关系。姜太公在这方面做了不懈的努力。早在孟津观兵时，他就把严格的战场纪律作为领兵作战时头等重要的大事来抓："师尚父左杖黄钺，右把白旄以誓，曰：'苍兕，苍兕，总尔众庶，与尔舟楫，后至者斩！'"① 到牧野决战时，周军在姜太公等人指挥下更是保持着严明的军纪，如听从号令、整齐队形、相互配合、不杀战俘等，都有明确的规定。攻占朝歌之后，也没有纵兵抢掠，而是在分兵肃清残敌的同

① 《史记·齐太公世家》。

时，由姜太公主持，将钱粮散发给贫苦民众，“散鹿台之钱，发钜桥之粟，以振贫民”①。这些措施不仅体现了周军伐纣是一场吊民伐罪、推翻暴政的正义战争，而且对于迅速消灭帝纣残余势力、巩固牧野之战的胜利，也起到了不小的作用。

6. 高明的战略战术

姜太公在牧野之战中采用的战略战术也非常高明。除了前已提到的战略奔袭、避实击虚外，在实战中姜太公还以耄耋之年，身先士卒，亲率百余名勇士冲击商纣军队，不仅牵制了敌军的注意力，打乱了其阵形，而且极大地鼓舞了全军的士气。周武王随后“以大卒驰帝纣师”②，发起全线总攻，一举获得胜利。

二、从封齐前后的战争看姜太公的用兵谋略

（一）姜太公封齐前后面临的军事形势

商灭周兴，天下更始。为屏藩周室，周武王以及后来辅佐周成王的周公旦大搞分封，在宗周王室直接控制的地区周围建立起许多大大小小的诸侯国。其中，因为姜太公在创建周王朝的过程中功勋卓著，所以他在被封的功臣谋士中居于特殊地位，“而师尚父为首封。封尚父于营丘，曰齐”③。姜太公封齐前后除遇到国内外政治上、经济上的巨大压力外，还面临着十分严峻的军事形势。其一，莱夷的武力侵犯。莱

① 《史记·齐太公世家》。
②③ 《史记·周本纪》。

国在今山东省龙口市境内，是一个实力较强的夷人侯国。“营丘边莱。莱人，夷也，会纣之乱而周初定，未能集远方，是以与太公争国。”① 可见，莱本为商的属国，乘殷末大乱及周初无力东顾之机，积极向外扩张，当时已成为齐国的一大劲敌。② 其二，管叔、蔡叔勾结武庚作乱。武庚即禄父，为商纣之子，武王灭商后将其封在殷商故地，意在笼络商族上层贵族。为防止武庚反侧，武王还“封弟叔鲜于管，弟叔度于蔡”③，以两位王弟对武庚进行监视和震慑。但当武王去世、周公旦摄政后，管叔、蔡叔等勾结武庚发动武装叛乱。其三，南方的淮夷等也乘机叛周，策应武庚。这样，不但齐国的存在经受着严峻考验，就连周王朝的统治也面临“大艰，民不静”的巨大威胁。④ 那么，具有周王朝太师和齐国首任封君双重身份的姜太公该怎样应付这些挑战呢？

（二）从姜太公的用兵看其军事谋略

姜太公封齐前后的用兵情况，我们现在虽然只能依据有限的记载知其大概，但还是能够从中看出其军事谋略的主要特点。

姜太公清醒地认识到，在各项军务中，解除莱夷的武力威胁、稳定齐国的局势是当务之急。他决定尽快亲自就国，

① 《史记·齐太公世家》。

② 参见徐宇之、宣兆琦《论姜太公治齐及其对齐文化的影响》一文的有关考述，《历史教学》1992 年第 1 期。

③ 《史记·周本纪》。

④ 参见王阁森、唐致卿主编：《齐国史》，山东人民出版社 1992 年版，第 127 页。

整顿好齐国的军队，加强防务力量。从周都镐京到齐都营丘，路途遥远，如果按照常规速度行走需相当一段时间才能到达，而当时的形势已是一触即发，刻不容缓。《史记·齐太公世家》记载："师尚父……东就国，道宿行迟。逆旅之人曰：'吾闻时难得而易失。客寝甚安，殆非就国者也。'太公闻之，夜衣而行，黎明至国。莱侯来伐，与之争营丘。"因为姜太公日夜兼程，及时就国，在军事上有了充分的准备，所以才在对莱夷的斗争中立于不败之地。由此可以看出姜太公善用谋略、料敌在先、当机决断、以谋取胜的用兵特点。

周公旦东行平叛时，齐国奉命派军队配合周公东征。当时姜太公年事已高，但他以一个战略家特有的眼光去看待面临的军事形势，认识到危险和困难中往往也蕴含着难得的机遇。因此，他不顾年迈，毅然率兵出征（后来齐军由其子丁公吕伋指挥）。经过三年艰苦奋战，姜太公父子协助周公旦平定了武庚及三叔叛乱，杀死管叔，流放蔡叔，也击溃了淮夷的势力。《逸周书·作雒解》对这场战争有较详细的记述："二年，又作师旅，临卫征殷，殷大震溃，降辟三叔，王子禄父北奔，管叔经而卒，乃囚蔡叔于郭凌，凡所征熊盈族十有七国。"《失令簋》铭文也记载："隹王于伐楚……公尹白丁父兄于戍。戍冀辞三，令敢□皇王室，丁公文报，用𩒨后人享，隹丁公报，令用□□于皇王……用作丁公宝簋。"东征平叛的胜利，不仅稳定了周王朝的统治，而且进一步提高了齐国的地位。周王室派召公奭授予姜太公特权："五侯九伯，实得征之。"① 在东至大海、西到黄河、南至穆陵（今

① 《史记·齐太公世家》。

山东临朐南）、北到无棣（今山东无棣北）的广阔地域里，齐国都可以进行征伐。这里所说的“五侯九伯”，据考证当为齐国附近的东夷等族而不是泛指各方侯伯。[①] 这一特权的取得意义非凡，它使姜太公父子的雄才大略有了用武之地，齐国军队可以“夹辅周室”[②] 为旗号，名正言顺、堂而皇之地四处扩张。周康王六年，姜太公去世之后，他的子孙继续用兵，开拓疆土，齐很快就成了一个大国，对后来春秋霸业的建立也产生了深远的影响。如果没有姜太公正确的战略决策和高超的智慧计谋，齐国在较短时期内获得如此迅速的发展是难以想象的。

三、从散见于文献记载和传说中的有关资料看姜太公的军事思想

齐国具有悠久的军事学传统，作为齐国第一任封君和杰出军事家的姜太公，军事思想自然构成了其思想体系中非常重要的一环。无论在他向周文王、周武王贡献的各种计策中，还是在他亲自指挥征战、戎马倥偬的军事实践中，都闪耀着早期兵家思想的智慧火花。所以司马迁评价姜太公：“其事多兵权与奇计，故后世之言兵及周之阴权皆宗太公为本谋。……天下三分，其二归周者，太公之谋计居多。”[③]

《说苑》曰：

---

① 周成王时的青铜器《保卣》中有“乙卯，王令保及殷东国五侯”的铭文。

② 《左传·僖公四年》载管仲追述齐国历史的谈话。

③ 《史记·齐太公世家》。

太公兵法曰：“致慈爱之心，立威武之战，以卑其众；练其精锐，砥砺其节，以高其气；分为五选，异其旗章，勿使冒乱；坚其行阵，连其什伍，以禁淫非，垒阵之次，车骑之处，勒兵之势，军之法令，赏罚之数，使士赴火蹈刃，陷阵取将，死不旋踵者，多异于今之将者也。”

清代学者马骕认为这段话：“精简胜《六韬》万言，当是尚父本书。”① 此说是否成立姑且不论，我们以上述文字与姜太公的有关军事实践对照研究，确乎可以分析出其军事思想的某些特点。

先秦秦汉以来，从散见于各种文献和传说的资料中，可以发现不少引用或评述姜太公军事思想的零星言论。② 《战国策·秦一·苏秦始将连横》、《史记·苏秦列传》、裴骃《史记集解》都记载，苏秦“乃夜发书，陈箧数十，得《太公阴符》之谋，伏而诵之，简练以为揣摩”。以姜太公署名述作的兵书作品也有很多。如《汉书·艺文志》中著录有《太公》237 篇，其中《谋》81 篇，《言》71 篇，《兵》85 篇。《隋书·经籍志》中则记有：《太公六韬》5 卷（梁 6 卷），《太公阴谋》1 卷（梁 6 卷），《太公阴符钤录》1 卷，《太公金匮》2 卷，《太公兵法》2 卷（梁 3 卷），《太公兵法》6 卷（梁有《太公杂兵书》6 卷），《太公伏符阴阳谋》1 卷，《太公三宫兵法》1 卷，《太公书禁忌立成集》2 卷，

① 《绎史》卷二〇。

② 如《尚书》《诗经》《左传》《国语》《楚辞》《孟子》《荀子》《战国策》《六韬》《尉缭子》《韩非子》《吕氏春秋》等。

《太公枕中记》1卷，《周书阴符》9卷，《周吕书》1卷，等等。我们认为，这些言论和作品虽然大多是后人依托而作，但这种现象恰恰说明姜太公作为兵家始祖在军事理论上有过颇多建树。[①]

总之，姜太公高屋建瓴、卓越非凡的指挥才能和其丰富多彩、特色鲜明的军事思想，对我国传统文化特别是齐文化的构筑起到了巨大的作用，做出了不可磨灭的贡献。

① 参见徐宇之、宣兆琦《论姜太公治齐及其对齐文化的影响》一文的有关考述，《历史教学》1992年第1期。

第三节 “一匡天下”，春秋首霸——管仲和齐桓公

一、管仲、齐桓公的主要军事实践

（一）管仲及其早期从军经历

管仲（约前730？—前645），名夷吾，字仲，齐国颍上（今安徽颍上）人，春秋时期最杰出的军事家。管仲年轻的时候迫于生计，曾从事过多种职业，并同好朋友鲍叔牙一起从过军、打过仗。后来管仲曾回忆说：“吾尝三战三走，鲍叔不以我怯，知我有老母也。”① 通过在战争实践中的艰苦磨炼和对军事理论的长期钻研，管仲对战争问题有了较为深刻的思考，逐渐形成了一套既与齐国悠久的兵学传统相吻合又具有鲜明时代特色的军事思想。

① 《史记·管晏列传》。

在齐襄公统治末年，由于齐国的政治腐败，社会动荡，鲍叔牙和公子小白一起出奔到莒国，管仲等人则和公子纠一起出奔到鲁国，这时管仲已当上了公子纠的“傅”①。后来，当齐襄公和自立为齐君的公孙无知先后被杀、齐国出现权力真空时，为了使公子纠能回国争夺君位，他又率兵在路上拦截也是为了争夺君位从莒国返齐的公子小白。史载，管仲在这次冲突中曾亲自用箭射中公子小白的衣带钩②，可见他当时不仅富有谋略、善用兵法，而且也是一位能临阵对敌、勇冠三军的将领。

公子小白在齐国的这场君位争夺中最终取胜，即位为齐桓公。但管仲不仅没有被杀掉，反而在其挚友鲍叔牙的力荐下“任政相齐”③，得到重用。从此，管仲的卓越军事才有了更为广阔的用武之地。

（二）齐桓公对管仲的任用及其本人的军事修养

过去，人们在研究齐国的军事发展史时，较多地注意到管仲的贡献，而对齐桓公的作用则重视不够。其实，齐桓公不仅是春秋时期齐国著名的贤君，也是一位非常杰出的军事家。他在位期间，齐国不仅在政治、经济、文化及社会生活诸方面发展很快，在军事上也建树颇多，实力大增，是太公建国以来最为辉煌和强盛的时代，堪称第二个里程碑。而这些成就的取得，都是与齐桓公对管仲等贤臣的知人善任和他本身具有较高的军事修养分不开的。

---

①② 《史记·齐太公世家》。

③ 《史记·管晏列传》。

齐桓公与管仲两位杰出人物之间在军事领域的默契配合，是我国古代社会中罕见的成功范例。如前所述，管仲曾经是齐桓公政治上的竞争对手公子纠的得力助手，本应被处死，但齐桓公以振兴齐国的大业为重，从爱惜人才的角度出发，将管仲释放并“厚礼以为大夫”①，委以军国重任。其中虽有贤臣鲍叔牙的无私举荐之功，但如果没有齐桓公本人的深谋远虑、知人善任，管仲也断然难以由一个桎梏在身的阶下囚而破格当上齐国之相。

在长达数十年的时间里，齐桓公始终与管仲保持着比较融洽的君臣关系，并且基本上做到了用人不疑、言听计从，这在当时的历史条件下是很不容易的。正是在齐桓公的信任和支持下，管仲等人的军事才能才得到了充分的发挥，使齐国在军事体制的改革和军事思想的丰富发展上都取得了巨大的成就和空前的进步。如果说管仲在军事理论构建和军事文献著述上有更多的贡献，那么齐桓公则在实际战争的指挥与决策中起到了更大的作用。他们密切配合，相辅相成，恰如车之两轮，缺一不可。所以，即使从对齐国军事发展所做贡献的角度来讲，齐桓公也可以称得上是一位与管仲匹配的合作者。

齐桓公之所以能够取得春秋首霸的地位，与他本人具有较高的军事修养是分不开的。这首先体现在他对军事人才的尊重和任用上。例如，当管仲从鲁国被作为囚犯解送回齐国时，齐桓公“亲逆之于郊，而与之坐而问焉”②，其

① 《史记·齐太公世家》。
② 《国语·齐语》。

对人才的渴求之情溢于言表。齐桓公在位期间，齐国既有管仲、鲍叔牙、高傒这样的谋略家，也有隰朋、王子城父、宾须无这样的指挥家，可以称得上是豪杰云集，军事人才辈出。试想，齐桓公如果不能礼贤下士，不善于鉴别和使用人才，当时的齐国怎么可能涌现出如此多的军事家并各展其能呢？

齐桓公的军事修养也体现在他思想解放、注重改革方面。桓公在位期间，不仅支持管仲等人在齐国进行以“作内政而寄军令”为核心的一系列军政改革，而且当各乡官吏来朝见时，他总是拨冗接见，“君亲问焉”“又问焉”“桓公亲见之，遂使役官”“令官长期而书伐，以告且选，选其官之贤者而复用之”，① 亲自主持军政改革的大业。

齐桓公的军事修养还体现在他的虚心纳谏、从善如流上。有一个典型事例可以说明这一点：鲁庄公十三年（前681年）冬天，齐桓公与鲁庄公在柯地会盟时，鲁将曹沫手持匕首劫持齐桓公，迫使桓公答应归还在几次战争中占领的鲁国土地。事后，齐桓公打算毁约，管仲劝他：

> 夫劫许之而倍信杀之，愈一小快耳，而弃信于诸侯，失天下之援，不可。②

齐桓公听从了管仲的意见，把占领的土地归还了鲁国。由此，齐桓公在各诸侯国中树立了威望，为首霸天下奠定了基础。

---

① 以上均参见《国语·齐语》。
② 《史记·齐太公世家》。

（三）桓管时代齐国主要军事活动和春秋首霸地位的取得

1. 迫使邻国就范

齐桓公即位之初，首先碰到的问题就是如何使鲁、宋、郑、卫等周边国家就范。这一目标的实现开始并不顺利。公元前684年春，齐国军队在长勺被鲁国军队打败。同年六月，齐、宋联军攻打鲁国，又被鲁公子偃用计击败。在军事失利的同时，齐国与一些国家建立起来的联盟关系也随着形势的变化变得分合不定，呈现出极为复杂的局面。

在这种比较困难的情况下，齐桓公、管仲等人表现出了政治家、军事家的雄伟气魄和卓越智慧，积极设法使齐国尽快从失利的阴影中摆脱出来。他们在稳定内部的同时，以强大的军事实力为后盾，运用巧妙的外交手段，根据不同情况，分门别类地处理同周边国家之间的各种问题。经过一番努力，先后与宋、鲁、郑、陈、卫等国进行了会盟，在很大程度上提高了齐国在诸侯国中的地位和威信。①

2. 帮助燕国击戎

在同周边邻国相继建立起联盟关系之后，齐国君臣便开始进行他们第二阶段的争霸活动，其特征是把军事行动的重点放在了抗击北方山戎等少数民族的进攻上。

据记载，燕国曾因多次遭到山戎的进攻而向齐国请求援救。齐桓公约请鲁国共同出兵击戎，但鲁庄公临期按兵不

---

① 参见王阁森、唐致卿主编《齐国史》中的有关考证，山东人民出版社1992年版。

动。齐桓公与管仲、隰朋等率领齐国军队毅然单独远征山戎。齐军斗志旺盛，君臣上下一心，克服了种种艰难险阻，终于取得了与山戎作战的胜利，“制令支、斩孤竹而南归”①。燕庄公为了感谢齐国的援助，“遂送桓公入齐境。桓公曰：‘非天子，诸侯相送不出境，吾不可以无礼于燕。’于是分沟割燕君所至与燕，命燕君复修召公之政，纳贡于周，如成康之时。诸侯闻之，皆从齐”②。经过这次军事行动，齐桓公在军事上和政治上都取得了巨大的胜利。

此后，齐国还曾派军队救邢存卫：

> 狄人攻邢，桓公筑夷仪以封之。男女不淫，牛马选具。狄人攻卫，卫人出庐于曹，桓公城楚丘以封之。其畜散而无育，桓公与之系马三百。天下诸侯称仁焉。于是天下诸侯知桓公之非为己动也，是故诸侯归之。③

齐桓公的威望进一步提高了。

3．遏制楚国北进

进入春秋以后，楚国的势力发展很快，齐桓公在位时，楚国已成为齐国军事上的劲敌。如果不及时加以遏制，必将对齐国的霸业构成极大威胁。因此，齐桓公君臣在北方基本安定之后，便将主要的军事力量用于遏制楚国势力北进。

公元前666年，楚国军队伐郑，被齐、鲁、宋三国联军击退。此后若干年间，楚国势力继续向北发展，并且与以齐国为首的中原诸国之间不断发生小规模的军事冲突。在楚国

---

①③ 《国语·齐语》。

② 《史记·齐太公世家》。

的军事压力下，一些与楚国邻近的中小诸侯国经常动摇于齐、楚两股势力之间。根据这种形势，齐国君臣下决心在军事上与楚国进行正面对抗。经过一番周密的策划和准备，公元前656年（齐桓公三十年），齐国联合了宋、鲁、陈、卫、郑、许、曹等国组成联军，以出其不意的方式大举南征，在先期击溃楚国的盟友蔡国军队后，“遂伐楚，次于陉”①。楚成王一面急派军队与多国联军相拒，一面派使者前往交涉说：“君处北海，寡人处南海，唯是风马牛不相及也，不虞君之涉吾地也，何故？”②管仲出面责问说：“昔召康公命我先君太公曰：‘五侯九伯，女（汝）实征之，以夹辅周室！’赐我先君履，东至于海，西至于河，南至于穆陵，北至于无棣。尔贡包茅不入，王祭不供，无以缩酒，寡人是征。昭王南征而不复，寡人是问。”③楚使承认包茅不入不对，答应今后保证供给，但对昭王南征不复不肯承担罪责。双方对峙至夏天，楚王又派屈完为使来到联军驻地。齐桓公把联军列成阵势，和屈完一起乘车观看，以向他展示严整的军容和强大的实力。桓公对屈完威胁说：“以此众战，谁能御之？以此攻城，何城不克？”④屈完的回答却也不卑不亢：“君若以德绥诸侯，谁敢不服？君若以力，楚国方城以为城，汉水以为池，虽众，无所用之。”⑤在彼此都有所顾忌的情况下，以齐国为首的联军同楚国最终达成了妥协，在召陵（今河南漯河郾城区东），“屈完及诸侯盟”⑥。楚国表示愿意作出两项让步，即恢复纳贡和加入齐桓公为首的联盟。订盟之后，齐国为首的联军就主动脱离了与楚国军队的接触，撤军北归了。

①②③④⑤⑥ 《春秋·僖公四年》。

经过这次军事行动，楚国的军事实力虽然并未受到实质性的削弱，但是齐国毕竟通过施加军事压力，在与楚国的较量中取得了一定的优势并获得了舆论上的胜利，从而成功地维护了其盟主的地位，赢得了中原各诸侯国的信服，暂时遏制了楚国的北进势头。

有学者曾认为齐桓公过早订盟撤军，失之于软弱。其实，这样的结果是双方都愿意接受的。齐桓公君臣深知，楚国的实力也很强大，况且楚军利用地利之便，依险固守，以逸待劳。联军人数虽多，却未必完全一心，一旦打起来，并无必胜的绝对把握。而且当时齐、楚两国间并不接壤，直接利害关系毕竟有限，假如不顾一切地血战一场，即使能战胜楚国，也必然两败俱伤，损失很大，对齐国完成称霸大业是不利的。所以我们认为，齐桓公、管仲等人所采取的保持威慑力量、不战而使楚国屈服的策略，无论从军事上还是政治上看都是完全正确的。

4. 利用尊王的口号称霸诸侯

齐桓公在为建立和巩固霸业而采取的一系列军事行动中，始终巧妙地以尊崇周王为旗号，这样可以依靠挟天子以令诸侯的政治优势，有效地打击其潜在的争霸对手。在长达几十年的时间里，齐国军队单独或联合别国军队一起东征西讨，南征北战，以周王室代言人的身份讨伐了不少所谓对周天子不恭的诸侯，也平定了许多诸侯国内及国与国之间的动乱、纷争①，维护了周王至高无上的地位。值得一提的是，

① 参见王阁森、唐致卿主编《齐国史》中的有关考证，山东人民出版社 1992 年版。

齐国军队还参与了周王室的内部事务。如周惠王死后，齐桓公率各国诸侯共同奉其子周襄王即位，使其正统地位得到了确立和巩固。齐桓公还曾派管仲、隰朋带领齐国军队调解周与戎的争端，直接为王室效力。为了表彰齐相管仲等人的功勋，周襄王甚至想以上卿之礼款待他。① 总之，在尊王争霸方面，齐桓公君臣是春秋时期最为成功的典范。

其实，尊王同前面谈到的“攘夷”一样，只是齐桓公在向春秋首霸、“一匡天下”目标迈进时所采取的一种策略。尊王只是手段，争霸才是目的。我们稍加分析即不难发现，在齐桓公以尊王为名进行的历次军事行动中，本国的利益实际上始终被放在首位，而其结果也无一例外地是齐国的势力越来越大，其影响不断得到加强，这正是齐桓公和管仲作为军事谋略家的高明之处。

二、桓管时代齐国的军事改革及其作用

（一）军事制度改革种种

齐桓公在位期间，在管仲的精心策划和积极协助下，着重在军事制度方面进行了一系列卓有成效的改革。举其大者，主要有以下几个方面：

首先，牢牢掌握齐国军队的组建权和指挥权。齐桓公、管仲充分利用齐国自姜太公以来在政治上的优势地位，并根据春秋时期客观形势的最新变化，将本国军队的组建权和指

① 参见《左传·僖公十二年》。

挥权牢牢地控制在自己手中。他们打着“尊王攘夷”的旗号，在战争中不断扩充齐国军队的实力。据有关史料记载，齐桓公在位时已摆脱了“周礼”的束缚，建立了“三军”的编制，海军为1万人。而实际上，当时齐国军队的总兵力远远不止3万人，而有十几万人之多。①

其次，在武装力量体制方面较好地实行了民军制与常备军制的结合。这也是桓管时代军事改革中值得注意的成功经验之一。民军制的好处是，确保平时有人务农，战时有人出征，既可以处理好劳动力的分配问题，又可以在相当程度上减轻国家在军事后勤方面的巨大压力，使军队的武器装备和衣食给养得到较好的解决。常备军制的好处是，将吏与士卒间比较熟悉，平时便于加强训练，战时便于指挥调动，使其能保持比较强大的战斗力。而这两种体制的结合，符合当时军事制度的发展实际。它们各自长处的有效发挥和互补，更有利于齐国军队战斗力的加强。除此之外，这两者并存的军事体制还有一个好处，就是对齐国军队的真正实力起到了隐蔽作用，从而不致引起周王室及其他诸侯国过多的注意和警惕。

再次，将“参其国而伍其鄙”② 的行政区划与军事体制相配套，促进了“国”“野”之间的联系，缩小了“国人”与“野人”地位的差距，扩大了征兵范围，使齐国军队的兵源问题得到了较好的解决，“常强于诸侯”③。

---

① 《尉缭子·制谈》中有“有提九万之众而天下莫能当者，谁？曰桓公也”的记述。《国语·齐语》中记载齐国当时已“有革车八百乘”。

② 《国语·齐语》。

③ 《史记·管晏列传》。

（二）其他军事改革措施

1. 加强军事训练

齐桓公和管仲在改革中强调要加强士卒的军事训练，以提高部队的战斗力。当时齐国军队的训练同其他诸侯国相比，虽然在方式上并无多少创新之处，但在训练的经常化和正规化方面居于领先地位。桓管时代齐国军事力量的盛极一时，与“春以蒐振旅，秋以狝治兵”①、“卒伍整于里，军旅整于郊”②的经常性军事训练是分不开的。

2. 重视武器装备的管理

一支军队武器装备的管理体制是否完善，直接影响到其战斗力的强弱。齐桓公和管仲在所进行的军事改革中，对武器装备的管理给予了特别的重视。桓管时代，齐国军队使用的武器装备不仅以制作精良、锋利耐用而闻名天下，而且在武器装备管理方面的有关政策和措施也有值得称道之处。管仲就曾向齐桓公建议：“轻过而移诸甲兵。”“制，重罪赎以犀甲一戟，轻罪赎以鞼盾一戟，小罪谪以金分，宥间罪。”③齐桓公采纳了他的建议，结果使齐国“甲兵大足”④。

3. 注意将军事改革与赋税改革结合起来

齐桓公在位期间，随着齐国军队的大肆扩充，其军费的需求也不断加大。如何使军队在训练和作战中的军需之用得到保证，是军事改革中面临的一个重要课题。管仲对此有着深刻的认识，他建议齐桓公采取了“相地而衰征”⑤的政策，

①②③④⑤ 《国语·齐语》。

即对全国的土地进行普查定级，按土地质量的好坏收取实物，使土地租赋的收入直接提供军需之用。这样，就在一定程度上将军事改革与赋税改革结合了起来，确保了齐国频繁军事行动的顺利进行。

4. 把军事改革纳入政治体制改革之中

军事改革的成效如何，同当时的政治体制是否合拍、配套往往有着密不可分的关系。如果改革的举措仅仅局限于纯军事的范围之内，那么其影响和意义就会大打折扣，最终其成败与否也会存有疑问。齐桓公和管仲在齐国所进行的军事改革，不同于前人的特点之一就是，把军事改革巧妙地纳入到整个国家的政治体制改革之中，即所谓的“作内政而寄军令”①。这样做，好处有二：其一是使军事改革有了良好的社会基础和政治环境；其二是“事可以隐令，可以寄政”②，避免引起周王室和其他诸侯国过多的注意，更有利于“速得志于天下诸侯”③。

（三）齐桓公、管仲军事改革的主要特点

齐桓公、管仲等人在齐国所进行的军事改革，主要有以下特点：

首先，这次军事改革有比较周密、细致的组织安排，与政治改革、经济改革紧密地结合在一起，不仅加强了齐国的军事力量，而且开春秋时期富国强兵之先河。

其次，这次改革注重发挥军事思想的指导作用，并且

①②③ 《国语·齐语》。

"与俗同好恶"①，把理论运用于实践之中，在促进社会发展的同时，为弘扬齐国悠久的军事学传统做出了重要贡献。

再次，管仲等人在军事行动中，处处以"周礼"为依托，而实际上又"善变周公之法"②，在取得周王室支持的情况下，迅速扩大了齐国的势力范围，得以称霸诸侯。再加上使用打、拉两手相结合的军事外交手段，把周边各国基本都笼络到齐国周围，这样就减少了改革的外部阻力，确保了争霸大业的成功。

最后，在管仲等人的策划和具体主持下，通过在军事上以及其他领域的不断改革，齐桓公实现了"一匡天下"、春秋首霸的目标，40 多年中，九合诸侯，常执牛耳，"一战帅服三十一国"③，在相当长的一段时间内保持了中原地区的基本稳定，有利于社会经济及文化的恢复和发展。孔子在评价管仲时指出："管仲相桓公，霸诸侯，一匡天下，民到于今受其赐。微管仲，吾其被发左衽矣。"④ 这是比较公允的。

除此以外，齐桓公和管仲主持的军事改革，还有注重谋略、较少迷信、"修明法术"、重用人才等特点，也是值得充分肯定的。

① 《史记·管晏列传》。
② 赵用贤：《管子书序》。
③ 《国语·齐语》。
④ 《论语·宪问》。

第四节 “文能附众，武能威敌”——司马穰苴

一、司马穰苴的生平及军事实践

（一）司马穰苴成为军事家的背景和机遇

司马穰苴，齐国著名的军事家之一。其具体生卒年代虽已不可详考，但对各种有关史料分析比较后，我们认为，他的主要军事活动是在春秋中后期齐景公在位时。① 据记载，

① 另有一些古今学者据《战国策·齐六·齐负郭之民有狐咺者》“齐负郭之民有狐咺者，正议闵王，斮之檀衢，百姓不附。齐孙室子陈举直言，杀之东闾，宗族离心。司马穰苴为政者也，杀之，大臣不亲”一段话认为司马穰苴是战国晚期齐湣王时人。笔者以为，这种看法是对史料解读有误而致。上述话中，“司马穰苴为政者也，杀之，大臣不亲”一句，似为论者在追述历史事件，借以指出齐湣王杀“正议”之民后果的严重性，并非说司马穰苴就是湣王同时之人。况且同司马穰苴关系密切并可能保留其部分言论的《司马法》一书在春秋时已广为流传，战国中期经齐威王派人整理后已基本定型，其述作者不应为战国晚期人。

司马穰苴是“田完之苗裔”[1]，他在军事方面所表现出来的卓越才能，深得当时齐国贤相晏婴的赏识。

齐景公统治时期，齐国的政治比较腐败，在军事上也屡遭败绩，面临着“晋伐阿、甄，而燕侵河上”[2]的危急局势。景公由于缺少将才，在军事上无人可用，而忧心忡忡。就是在这种背景下，晏婴向齐景公推荐了司马穰苴，他对景公说：“穰苴虽田氏庶孽，然其人文能附众，武能威敌，愿君试之。”[3]从此后司马穰苴在军事实践中所表现出来的才干和发挥的作用来看，晏婴对他知之颇深。齐景公召见司马穰苴之后，立即“与语兵事”[4]，征求他对战争问题的意见，司马穰苴在兵学理论上的深厚修养和对军事形势的透彻分析都使齐景公折服，景公“大说之，以为将军”[5]。这样，司马穰苴就由一个普通的庶民破格当上了齐国最高的军事指挥者之一。

（二）司马穰苴的主要军事实践和成就

司马穰苴当上将军之后，立志于重振齐国的军威，他协助晏婴劝谏齐景公。《说苑·正谏》中有这样一段记载：

景公饮酒，移于晏子家。前驱报闾曰：“君至！”晏子被玄端立于门，曰：“诸侯得微有故乎？国家得微有故乎？君何为非时而夜辱？”公曰：“酒醴之味，金石之声，愿与夫子乐之。”晏子对曰：“夫布荐席、陈簠簋者有人，臣不敢与焉。”公曰：“移于司马穰苴之家。”前驱报闾曰：“君至！”司马穰苴介胄操戟立于门，曰：

①②③④⑤《史记·司马穰苴列传》。

“诸侯得微有兵乎？大臣得微有叛者乎？君何为非时而夜辱？”公曰：“酒醴之味，金石之声，愿与夫子乐之。”对曰：“夫布荐席、陈簠簋者有人，臣不敢与焉。”公曰：“移于梁丘据之家。”前驱报闾曰：“君至！”梁丘据左操瑟，右挈竽，行歌而至。公曰：“乐哉！今夕吾饮酒也。微彼二子者，何以治吾国；微此一臣者，何以乐吾身。”

在《晏子春秋·内篇杂上》中也有大致相同的记述。看来齐景公虽然提拔司马穰苴做了高级将领，但实际上对他并没有做到言听计从、推心置腹，也没有下决心真正去励精图治、富国强兵，而依旧是贪图享乐、我行我素。齐景公与司马穰苴等人之间的这种微妙的君臣关系，对齐国军队及司马穰苴个人都有着重要的影响，正如《说苑》的作者刘向所评论的：“贤圣之君，皆有益友，无偷乐之臣。景公弗能及，故两用之，仅得不亡。”

在当时的对外战争中，齐景公还不得不倚重司马穰苴，曾委派他“将兵扞燕、晋之师”，这是《史记》本传中记载的唯一一次由司马穰苴直接指挥的军事行动。出征之前，他着重申明法纪，严格治军。行军途中，他又身先士卒，与兵同甘共苦。经过充分而周密的战前准备，齐国军队的精神面貌焕然一新，以高昂的士气奔赴杀敌的战场，“晋师闻之，为罢去。燕师闻之，度水而解”①。司马穰苴乘势率军追击，大获全胜，直到将此前齐国在战争中失去的土地全部收复才停止前进，引兵回国。

---

① 《史记·司马穰苴列传》。

这次作战的胜利，不仅暂时解除了来自外部的军事压力，使齐国岌岌可危的形势得到了缓解，而且充分显示出司马穰苴作为军事家的过人谋略和卓越才能。齐景公亲率文武百官到临淄郊外隆重地欢迎和慰劳凯旋之师，并且在见到司马穰苴后，将其“尊为大司马”①。从此，司马穰苴成为齐国最高军事长官。

随着司马穰苴地位的不断提高，他所在的田氏家族势力发展很快，“日以益尊于齐”②，这就引起了一些颇有权势的卿大夫们的嫉恨，必欲除掉司马穰苴而后快。高氏、国氏和鲍氏勾结起来，在齐景公面前对司马穰苴进行诋毁中伤，而在政治上并无远见的齐景公对司马穰苴手握兵权也不无猜忌之心，因此罢免了司马穰苴的官职，把他赶出了宫廷。

正在为重振齐国军威而殚精竭虑的司马穰苴突然蒙受不白之冤，一腔热血，报国无门，内心陷入了深深的痛苦之中，终于怀着对国家前途的忧虑和对个人遭遇的不平，悲愤交加，抑郁而死。司马穰苴死后，田氏宗族的田乞、田豹等人更加怨恨高氏和国氏等，齐国卿大夫之间的相互倾轧和家族斗争愈演愈烈，一度有所恢复的齐国国力、军力再度衰落下去。

---

①② 《史记·司马穰苴列传》。

二、司马穰苴的治军特点和军事思想

（一）司马穰苴治军的几个主要特点

1. 敢劝谏刚直不阿

司马穰苴被破格提拔为将军之后，曾一度很受齐景公的赏识，但他面对景公的不检点行为绝不随波逐流、阿谀苟顺，而是刚直不阿，敢于站出来犯颜劝谏。如前所述，当齐景公想到晏婴家饮酒作乐被拒绝后，下令："移于司马穰苴之家。"① 司马穰苴没有利用这一机会迎合国君，趋炎附势，为自己谋取高官厚禄，他"介胄操戟立于门"②，对齐景公的错误言行给予了义正词严的批评规劝。其作为一位军事家所应有的凛然正气和人格风范，令人钦佩。

2. 斩权臣严肃军纪

司马穰苴深深懂得，一支军队如果没有严明的纪律，是不可能打胜仗的。因此，他时刻把严格管理、以法治军当作头等重要的大事来抓。据记载，司马穰苴受命率军抗击燕、晋军队入侵之前，曾向齐景公请求说："臣素卑贱，君擢之闾伍之中，加之大夫之上，士卒未附，百姓不信，人微权轻，愿得君之宠臣，国之所尊，以监军，乃可。"③ 于是景公答应了他的请求，派自己的宠臣庄贾作为监军一同前往。司马穰苴告别了齐景公后，与庄贾约定："旦日日中会于军门。"④第

---

①② 《说苑·正谏》。

③④ 《史记·司马穰苴列传》。

二天，司马穰苴提前赶到军中，“立表下漏待贾”①。而庄贾则倚仗着国君宠信，一向傲慢，以为自己身为监军，可以晚到，所以心里根本没有着急。亲戚朋友和手下官吏为了奉承他，都来送行，庄贾就留下来同他们饮酒。到日中时庄贾还没到，司马穰苴就放倒木表，停掉“滴漏”，进入军营，集合队伍做出征的准备，并向官兵们宣布了作战任务和有关纪律。部队一切准备就绪之后，到了傍晚时分，庄贾才来到军营。当司马穰苴责问他“何后期为”②时，庄贾还强词夺理地说：“不佞大夫亲戚送之，故留。”③司马穰苴愤怒地谴责了庄贾的行为并驳斥了他的辩解，“召军正问曰：‘军法期而后至者云何？’对曰：‘当斩。’”④庄贾这才害怕了，马上派人报告齐景公，想请国君救他。但没等去的人回来，司马穰苴就先斩后奏，“于是遂斩庄贾以徇三军。三军之士皆振栗”⑤。通过这件事，司马穰苴在将吏士卒中树立起了威信，也使齐国军队的精神面貌为之一变，战斗力得到了很大的提高。

3. 与士卒同甘共苦

司马穰苴对违犯军纪的权臣执法如山，毫不徇情，而对广大士卒倍加关心，与之同甘共苦。在行军途中，司马穰苴常常深入到部队中间，对于士卒们住宿、饮食、医疗等方面的情况，他都要亲自过问，出现问题尽量及时予以解决。他还把属于自己的食物及生活用品拿出来与最下层的士卒们平分共享。经过这样三天的行军，司马穰苴与大家建立起了深厚的感情，赢得了将士们的钦佩与尊敬。当作战开始时，齐军士气高昂，人人争先，军容军威给敌军以巨大的震慑力，

①②③④⑤ 《史记·司马穰苴列传》。

使之不战而退。

4. 为国家不谋私利

春秋时代，随着军事制度的演变，特别是军事领导权下移趋势的不断增强，在各诸侯国中经常出现这样两种情况：一种情况是，国君对统兵将帅心怀疑虑，不肯把军权真正交给他们，通过屡屡撤换将领或在将帅出征时委派监军等手段加以牵制。如此，就会在一定程度上挫伤这些将帅指挥训练与作战的积极性，使该诸侯国的军事指挥系统缺少活力，在战争中很少能够机动灵活，出奇制胜。另一种情况则是，国君把军事指挥权交给了统兵将帅。这样，虽然军队作战或训练时，布战和指挥的效率提高了，将帅们的用兵韬略和指挥才能得到了比较充分的发挥。但由于这些将帅手里的权力过大，其中有些素养差、私心重的将帅就容易产生政治野心，利用军权谋取私利。

由于社会和历史的原因，从整个春秋军事史来看，上述两种情况的出现都不在少数。实际上，司马穰苴也是在同样的背景下统兵为将的。但是，司马穰苴没有居功自傲，以权谋私。例如，在他出征大获全胜、率军凯旋时，“未至国”即“释兵旅，解约束，誓盟而后入邑”①，主动解除兵权，使武器入库，士卒归营。这充分体现出了司马穰苴在那个时代作为一名真正的军事家，为国家不谋私利的崇高境界。

（二）从有关记载看司马穰苴的军事思想

由于直接记载司马穰苴的史料有限，所以现在已很难全

---

① 《史记·司马穰苴列传》。

面详尽地研究评价其军事思想了。虽然在流传至今的《司马法》一书中可能保留有司马穰苴的一些言论，但毕竟难以具体划分。对该书我们将另作专门探讨，在此只根据司马穰苴本人用兵的有关记载，从以下几个方面对其军事思想作一简要评述。

为将忘我的献身精神。作为一名军事指挥家，如果没有身先士卒的超凡勇气和置生死于度外的献身精神，就很难在两军对垒、刀兵相向时临危不惧，指挥若定。司马穰苴之所以被齐景公破格任命为将军，除了他有渊博的军事知识外，还因为在他身上具备一种为将忘我的献身精神。他批驳庄贾的那段话，即可以清楚地说明这一点："将受命之日则忘其家，临军约束则忘其亲，援枹鼓之急则忘其身。今敌国深侵，邦内骚动，士卒暴露于境，君寝不安席，食不甘味，百姓之命皆悬于君，何谓相送乎！"① 这种可贵的精神，不仅是司马穰苴军事思想中重要的内容，也是齐国军事传统中闪光的组成部分。

"文能附众"的指挥艺术。为将帅者在指挥作战时，如何让广大士卒心悦诚服，能否使全军上下同仇敌忾，直接影响着战争的胜负。司马穰苴在处理与士卒的关系方面具有值得总结的高超指挥艺术。晏婴在向齐景公推荐司马穰苴时即指出，"文能附众"是其为人用兵的两大特点之一。而司马穰苴本人在受命为将、率军出征之前，也把"士卒未附，百姓不信"② 当作一个亟待解决的重要问题来处理。他"附众"的主要方法是使士卒畏威怀德。所谓畏威，就是通过"申明

①② 《史记·司马穰苴列传》。

约束”[1] 和严格执行军法，斩违法者“以徇三军”[2]，使“三军之士皆振栗”[3]；所谓怀德，就是通过与广大士卒同甘共苦，赢得大家的信任与尊敬，使“病者皆求行，争奋出为之赴战”[4]。

不战而胜的威敌方略。司马穰苴的用兵方略，追求的是“武能威敌”[5]、不战而胜的最高境界。在面临“敌国深侵，邦内骚动”的危急形势时，他既不是畏敌如虎、按兵不动，也不是贸然出兵、与敌决战，而是先稳定内部，整顿军纪，提高士气，“而后勒兵”[6]。经过充分而周密的战前准备后，再果断地挥师向敌军进击，使之闻风丧胆，措手不及，“晋师闻之，为罢去。燕师闻之，度水而解”[7]。司马穰苴抓住有利战机，“于是追击之，遂取所亡封内故境而引兵归”[8]，使自己付出最少的代价，而取得最多的战果。

“将在军，君令有所不受。”[9]如何巧妙地处理好同国君的关系，是当时为将帅者面临的一大课题。司马穰苴在这方面也进行了积极的探索，取得了一些有价值的经验。其核心思想是：“将在军，君令有所不受。”当齐景公派使者持节赦免庄贾时，司马穰苴拒不服从，不但立斩庄贾于军前，而且以擅闯军营的罪名追究国君使者的责任。这充分表现出他在关系到战争胜败、国家存亡的大是大非问题上坚持原则、绝不妥协的大无畏精神。同时我们注意到，司马穰苴对国君并不是一点情面没有，在一些无关大局的问题上，他还是注意维护国君权威的。如齐景公的使者擅闯军营，依法当斩，而

①②③④⑤⑥⑦⑧⑨《史记·司马穰苴列传》。

“穰苴曰：‘君之使不可杀之。’乃斩其仆、车之左驸、马之左骖，以徇三军。遣使者还报，然后行”①。又如战争结束以后，他及时自解兵权，率全军向国君宣誓效忠后再入城。这样既有原则性，又有灵活性，减少了不必要的麻烦和阻力，有利于军务的正常执行。在春秋时代特定的历史条件下，司马穰苴这种“将在军，君令有所不受”的思想，是非常有益和弥足珍贵的。

① 《史记·司马穰苴列传》。

第五节　弘扬兵学，中兴齐国
——齐威王

一、齐威王与齐国的强盛

（一）齐威王即位前后齐国面临的军事形势

齐威王名田因齐，是战国中期一位为政贤明、勇于革新的国君。他在位期间（前356—前320），非常重视开展对军事理论的研究和选用优秀的军事人才，对齐国军事文化的继承与发展做出了卓越的贡献。

齐威王即位前，齐国所面临的军事形势是十分严峻的。虽然在春秋前期齐桓公和管仲当政时，齐国曾经国富兵强，显赫一时，九合诸侯，首霸天下，但是从春秋中后期直到战国前期的相当长一段时间里，齐国已积弱不振，屡遭挫败，从昔日的霸主地位上一落千丈，其国力、军力远逊于强大的魏国，也不如秦、楚、赵等国强盛，甚至不比韩、燕、鲁、卫这样的小国更有实力。究其原因，主要是由于姜齐统治后期的几代国君在位时，国内矛盾尖锐，政治日趋腐败，加上经济发展缓慢，军事实力削弱而致。田氏代齐之后，曾采取了一些改良的政策措施。然而由于种种原因，仍然没有明显的起色，未能从根本上扭转长期以来国贫军弱的不利形势。在军事上，齐国动辄遭到各大国的入侵，连一些小国也经常派兵前来征伐。“齐威王元年，三晋因齐丧来伐我灵丘。……六年，鲁伐我，入阳关。晋伐我，至博陵。七年，卫伐我，取薛陵。九年，赵伐我，取甄。……九年之间，诸侯并伐，国人不治。”① 可见，至齐威王即位之初，齐国的军事力量仍然很弱，没有能够摆脱被动挨打的局面。

（二）齐威王中兴齐国的成功努力

齐威王自即位之日起，就以中兴齐国为己任，并为此付出了极大的努力。他不仅重视对军事理论的研究和选用优秀军事指挥人才，而且善于将这些军事理论研究成果和军事指挥人才卓有成效地结合起来，运用于军队建设，治国强兵，使齐国军队的战斗力大为提高，迅速由弱变强，进而称雄天下，在此后进行的争霸战争中多次打败魏、秦、楚、赵等国军队，以致诸侯“莫敢致兵于齐二十余年”④。

在齐威王统治期间，齐国之所以能发生如此显著的变化，其原因是多方面的。学术界对此也有过较多议论，诸如他在政治上任人唯贤，赏罚分明；在经济上勇于革新，推行

①② 《史记·田敬仲完世家》。

“田野辟，民人给”① 等进步政策；在外交上采取策略，成功地孤立主要对手，等等。这些固然是重要的，我们认为齐国出现发展奇迹更直接的原因还在于，齐威王在位期间充分认识到军事力量的重要性，并进而致力于弘扬齐国传统的军事文化，对战争问题给予了特别的重视。

自周室分封、太公建齐以来，齐国先后涌现出了许多杰出的军事学家和著名将领，他们在军事理论和军事实践方面都取得了极为辉煌的成就，并且大多有关于军事方面的经典性言论传世，这在各诸侯国中是绝无仅有的。对于齐国兵家先贤的这些精妙深邃的战略战术理论和治国强兵、纵横天下的英雄事迹，齐威王是非常钦佩的，因而他当政后力图吸取他们的思想精华，总结他们的实践经验，整理他们的军事著作，化为己用，解决当务之急的战争问题。同时，齐威王从实战需要出发，还特别注意提拔、重用具有军事理论知识和指挥作战才能的人。而总结、研究前人的军事理论和大量起用当代的军事人才又直接或间接地促成了齐国新的一批优秀军事著作的问世。在齐威王统治的几十年里，始终较好地执行了这一政策。据《汉书·艺文志》所提供的线索来看，很多先秦兵书的述作者均出于齐国。② 仔细探究起来，似乎都与威王时期对军事著作的重视有密切关系。可见，齐威王对军事问题特殊的重视，及其在上述诸方面做出的贡献，是构成战国中期齐国一度中兴、国力强盛的重要原因之一。

---

① 《史记·田敬仲完世家》。

② 参见李零：《齐国兵学甲天下——兵法源流概说》，《中华文史论丛》1992 年第 50 辑。

二、齐威王大力弘扬齐国传统兵学

（一）齐威王弘扬传统兵学的重要意义

齐威王对军事问题的高度重视，首先体现在他大力提倡并积极组织人力对齐国传统军事著作的整理与研究上。根据有关的史料记载，威王即位后齐国开始进行的兵书整理、研究工作，时间长，规模大，成果很多，堪称我国先秦军事思想发展史上的一个奇迹。

从时间上看，不仅同齐威王的在位相始终，而且有些工作直到后来的齐宣王在位时（个别的甚至到齐湣王在位时）才告完成，前后大致持续了近百年。

从规模上看，当时齐国临淄的稷下学宫为著名的学术文化中心，各家各派的学者纷纷云集于此。齐威王和齐宣王在位时，更是盛况空前，人才济济，“且数百千人”①，其中有不少人精通兵学并参加了对齐国传统军事著作的整理工作。

从成果上看，齐国更是居于先秦各诸侯国之首。凡齐国历史上著名军事家的兵法著述和言论鲜有不涉及者，其中最主要的是对《六韬》《司马法》《孙子兵法》等兵书的整理与研究。总之，齐威王大力弘扬齐国传统兵学，在促进齐国军事理论发展方面具有十分重要的意义。

① 《史记·田敬仲完世家》。

（二）齐威王时代与几部重要兵书的关系

1. 与《六韬》的关系

《六韬》是我国先秦时代产生的一部内容丰富、极具价值的兵书。关于它的成书时代及述作者，我们将另作论证。这里只对其与齐威王时代可能具有的某种联系作一简要考述。《六韬》虽然以姜太公与周文王、周武王问答的形式写成，且旧题为姜太公所著，但是根据其内容以及各种文献、考古资料所提供的线索，目前绝大多数学者都承认它是作成于战国时代的兵家著作。班固在《汉书·艺文志》中依据不同的资料来源记载了三种连他自己也不确定的说法："惠、襄之间，或曰显王时，或曰孔子问焉。"这是关于该书作成时代最早和最权威的记述，仍然可以作为我们今天研究的基础。而比较上述三种说法，似以成书于周显王在位（前368—前321）时较为可信，另外两种说法则恐怕与实际情况差距较大。① 《六韬》一书的内容，带有鲜明的齐文化特色②，如果它确乎成书于周显王在位时的齐国，那么这部兵

---

① 参见笔者在本书中对《六韬》所作的专门考证。

② 笔者认为，《六韬》一书的齐文化特色主要体现在以下诸方面：第一，出土该书残简的临沂银雀山汉墓，其地望在战国中期属齐国故地，说明该书在这一带流传很广。第二，姜太公是齐国的创建者，《六韬》托名姜太公所述作，与齐国必有密切的关系。第三，《六韬》一书的哲学思想与齐国的传统思想吻合，其内容也体现了齐学博采兼收、包容百家的特点。第四，《六韬》书中有谈论如何利用渔业资源的内容（《文韬·文师》）；有给军队配备"天潢""飞江""浮海""绝江"等涉水渡河器材的记述（《虎韬·军略》）；还有讲述在"与敌人临水相拒"等形势下如何作战的方法（《豹韬·鸟云泽兵》），等等。

书与齐威王的关系就不难想象了。齐威王的在位时间同周显王的在位时间基本吻合，而且齐威王时的齐国最具备完成《六韬》这种兵家巨著的主客观条件。我们有理由相信，班固关于《六韬》可能成书于周显王时的记述不是无中生有的。齐威王虽属田氏，与姜太公并无直接的血缘关系，但田氏既已袭用了姜姓齐国的疆域与名号，自然也要将其精神遗产继承下来。对姜太公这位在齐国享有赫赫威名的兵家先贤，齐威王自然是推崇备至、极为景仰的，一定会组织长于此道的稷下大夫们对托姜太公之名传世的兵法著述精心编整，加以弘扬，并且根据新的历史时期的战争特点重新研究，注入新的思想内容。从古籍由零星流传到基本定型的质变意义上看，《六韬》的成书似乎与齐威王时代有着密不可分的关系，其真正的“著作权”应当属于齐威王在位时的稷下大夫们。

2. 与《司马法》的关系

《司马法》又名《司马穰苴兵法》，是先秦时代产生于齐国的又一著名兵书，它的正式成书在很大程度上也要归功于齐威王。史载：“齐威王使大夫追论古者《司马兵法》而附穰苴于其中，因号曰《司马穰苴兵法》。”① 这件事对于保存齐国兵学遗产、弘扬军事文化所起的积极作用是不言而喻的。

我们认为，流传至今的《司马法》，就是成书于齐威王时的《司马穰苴兵法》一书的残本（这一点我们将另作详考）。这部书包括了两个部分：司马穰苴的兵法和“古者

① 《史记·司马穰苴列传》。

《司马兵法》”。司马穰苴与齐威王同属田氏，因率军打败晋、燕等国的军队而被齐景公封为大司马。他不仅是齐国历史上的功臣，也是田氏宗族的骄傲，齐威王下令对他的用兵方略加以载录和研究应该是没有问题的。而关于“古者《司马兵法》”的来历，由于太史公本身没有讲清楚，致使研究者的意见分歧较大。有人认为是西周、春秋时的大司马之法，战国时以文献载录下来的；有人则认为是齐威王时人所作的一部托古兵书。实际上，这两种意见都承认这部书中可能存有西周、春秋时的某些资料，是由齐威王派手下的大夫们追论而成的。我们不必深究这种“追论”究竟是战国时人依据零星资料和对西周、春秋军事制度的理解托古作成，还是战国时人仅仅对西周、春秋时代流传下来的古兵法略加整理而成，因为它与《司马穰苴兵法》在战国时代已经被合二为一，变成一部完整的兵学著作了。我们认为，在研究春秋乃至西周时代的有关军事制度和军事思想时，《司马法》中所保存的某些内容可以作为参考，而该书的“著作权”则与《六韬》一样应归于齐威王在位时的稷下大夫们。

3. 与《孙子》的关系

《孙子》，即《汉书·艺文志》中所著录的《吴孙子兵法》。学术界公认该书的本源是来自春秋末期由齐国跑到吴国的大军事家孙武，虽然可能是由孙武及其弟子在吴国作成并公布于世，但是作为齐国名将田书嫡传后人的孙武，毕竟与齐国有着千丝万缕的关系，其军事理论素养在相当程度上也是滋润于齐国大地的。在越国灭吴之后，孙武的后学将其兵法著作辗转带回故乡齐国加以整理是完全可能的，他们对齐国兵学的发展功不可没。

《孙子》之所以在后世广为流传、发扬光大，并且受到兵家各学派的格外推崇，被奉为兵学经典，在很大程度上是因为它幸运地被保存下来了。而对这样一部兵法大作，进行传授讲解乃至整理研究并非易事，需要有一批具备相当理论修养的人才能胜任。齐威王在位时这方面的人很多，而且他要大力发掘兵学遗产，不可能不对《孙子》这部出自田氏学者之手、足以使齐国人自豪的军事著作感兴趣，所以他组织人力对其进行整理是顺理成章的。据记载，孙武去世100多年后，他的“后世子孙”①、主要活动于齐威王时期的孙膑，作为一名造诣很高的齐国兵家学者，也有可能受威王之命，参加了对包括《孙子》在内的兵学著作的整理工作。

三、齐威王对军事人才的选拔与重用

（一）对孙膑的尊重信任

齐威王在重视继承兵家先贤们军事思想的同时，还特别注意网罗、起用齐国各方面的军事人才，对他们给予格外的尊重和信任。齐威王与孙膑的成功合作就是最典型的事例。

孙膑是战国中期杰出的兵家代表人物。他作为刑余之人和被政敌追杀的逃犯从魏国逃归到齐国之后，在另一位军事家田忌的推荐下，以其丰富的军事理论和卓越的指挥才能受到齐威王的信任和重用。孙膑关于军事方面的许多建议都得到了威王的尊重和支持，并被委以策划和指挥作

---

① 《史记·孙子吴起列传》。

战的权力。在桂陵、马陵等重大战役中，孙膑与田忌等人密切合作，屡出奇谋，指挥齐国军队击败了由太子申和庞涓率领的“魏氏之武卒”①，使齐国威震天下。试想，如果没有齐威王及田忌等明君贤臣的信任和尊重，双腿残废、被庞涓陷害的孙膑，怎么可能有机会施展其抱负和才华并取得如此辉煌的战绩？他的兵法著作自然也不会得以流传后世。

（二）对淳于髡的破格提拔

淳于髡是威王在位时齐国另一位在军事理论上有较大贡献的杰出人才。他曾为人“赘婿”②，出身非常低微，而且其貌不扬，“长不满七尺”③。但他在军事思想方面有着很高的造诣，在与齐威王初次见面时，淳于髡即用激将法鼓励威王治国强兵，以扬军威，“不鸣则已，一鸣惊人”④。在楚国军队大兵压境时，淳于髡冒着危险亲赴赵国，凭借军事外交才能成功地搬来援军，一举解齐国之围。淳于髡还具有“博闻强记，学无所主”⑤ 的本领，曾经受齐威王的聘请在稷下研究、讲述兵法，并且“咸作书刺世”⑥。有人甚至曾撰文认为，淳于髡很可能就是“述造《司马兵法》”的学者之一。⑦ 齐威王渴求人才而不以貌取人，破格任命淳于髡“为

---

① 《荀子·议兵》。

②③④ 《史记·滑稽列传》。

⑤ 《史记·孟子荀卿列传》。

⑥ 《七国考·田齐职官》引刘向《孙卿书录》。

⑦ 参见金德建：《齐威王使大夫述作之〈司马兵法〉析论》，《管子学刊》1989 年第 3 期。

诸侯主客”①，“宗室置酒，髡尝在侧”②，而且特别注意提高其社会地位，“自如淳于髡以下，皆命曰列大夫，为开第康庄之衢，高门大屋，尊宠之”③。齐威王在政治上对他们不拘一格地提拔使用，在生活上为他们提供了优厚的待遇，使淳于髡等一大批军事人才能够毫无后顾之忧地献计献策、著书立说，为齐国的富国强兵发挥出巨大的作用。

（三）对其他将领的知人善任

齐威王对手下众多将领基本做到了知人善任，这也是他在位期间齐国军事人才不断涌现的重要原因。他能从战争的特殊规律出发，用人不疑，给临阵指挥作战的将帅们以根据战场上的具体情况随机处置的自主权。例如，齐国大将匡章（即章子）在与秦国军队交战时，出于战场需要，来不及请示威王就下令变更了齐军的徽章，乔装混杂在秦军中准备进行突然袭击。有人不明真相，怀疑匡章可能要叛变投敌，劝齐威王加以防备。但威王以其对匡章的深入了解和对军事问题的丰富经验，坚信他“不叛寡人明矣”④，继续放手让匡章全权指挥战斗，从而保证了这次战役的胜利。这一时期齐国拥有许多杰出的将领，齐威王在与魏惠王会猎时，曾自豪地向对方宣布：

> 吾臣有檀子（指檀弓——笔者注，下同）者，使守南城，则楚人不敢为寇东取，泗上十二诸侯皆来朝。吾

①② 《史记·滑稽列传》。
③ 《史记·孟子荀卿列传》。
④ 《战国策·齐一·秦假道韩魏以攻齐》。

臣有盼子（指田盼）者，使守高唐，则赵人不敢东渔于河。吾吏有黔夫者，使守徐州，则燕人祭北门，赵人祭西门，徙而从者七千余家。吾臣有种首者，使备盗贼，则道不拾遗。①

当时齐国群英荟萃，军事人才密集，固然十分难得，而一代明君齐威王的知人善任，为这些军事人才的成长提供了较好的环境和条件，则是更为可贵的。

四、齐威王时代军事理论的发展

（一）丰富的战争实践起到了促进作用

齐威王在位时期，齐国有十分丰富的战争实践。据史书记述，在此期间齐国军队曾与秦、楚、赵、魏、韩、鲁、燕、卫等国发生过大小战争数十次。无论是战略决策的确定，还是战术组合的实施，无论是军事谋略的设计，还是武器装备的运用，都有许多成功的经验值得总结，也有不少失败的教训可以汲取。其中同魏国之间进行的桂陵之战、马陵之战两次战役，都是我国历史上著名的成功战例，齐军统帅高超的指挥艺术很有特点，可以给后世用兵者以深刻的启迪，对军事理论的发展有极大的促进作用。

（二）不同的兵学流派在齐国形成

齐威王时代，稷下学宫兴旺发达，吸引了各家各派的学

① 《史记·田敬仲完世家》。

者。在宽松的气氛下，大家云集于此，畅所欲言，各抒己见，发表不同的观点。由于齐国悠久兵学传统的熏陶和齐威王对军事问题的重视，稷下先生中的兵家学者不仅数量很多，而且理论水平较高。他们或演讲辩驳，或著书立说，利用各种机会向威王献计献策，阐述各自的学术见解。他们彼此间既相互竞争，也相互影响，逐渐形成了具有齐文化特色的一些兵学流派。后人对这些流派有不同的划分标准，有人将其分为道兵家、法兵家等，也有人将其划分为兵权谋家、兵形势家、兵阴阳家等，还有人将其划分为太公—《六韬》学派和孙武—孙膑学派等。上述这些划分是否科学准确，我们姑且不论，但这些兵学流派此时在齐国开始形成毕竟是客观事实。不同流派的兵家学者之间展开百家争鸣，竞相出谋划策，共同为齐国的强盛而努力，这是一种非常引人注目的特殊历史现象，它对齐国乃至整个战国时代军事理论飞速发展所起的推动作用是不容低估的。

（三）一批新的军事著作出现

齐威王在位时期，对传统军事文献的大规模整理、研究和军事人才的高度集中，促成了一批新的军事著作的产生。这些成果进一步丰富了先秦军事思想的宝库，同时也为齐国统治者治国强兵、进行军事改革以及指挥作战提供了新的理论指导。

今天我们所能见到的这一时期问世的兵书，当首推《孙膑兵法》（即《汉书·艺文志》中所说的《齐孙子》）。该书自东汉末年以后失传，因此长期以来学术界对其提出过种种质疑，直到 1972 年在山东临沂银雀山汉墓中同时出土了

《吴孙子兵法》与《齐孙子》两部兵书的残简，才使学者对《孙膑兵法》的怀疑基本得到了解决。从该书残简的内容来看，虽然某些篇章或段落有可能被孙膑的弟子及后学整理过，但全书无疑是对孙膑军事思想和军事实践的直接记述和总结，应该算作他本人的作品。

这里还应提到《子晚子》一书，虽然该书现已亡佚，但我们从有关记载中还能发现一些线索。《汉书·艺文志》“杂家”类中著录有“《子晚子》三十五篇”，班固注曰：“齐人，好议兵，与《司马法》相似。”学术界一般认为，杂家学派是在战国中期才正式出现。既然《子晚子》一书的作者是战国时期“好议兵”的齐国人，它的内容和时代特征又与齐威王时正式成书的《司马法》接近，那么笔者推测，《子晚子》的作成，当亦与兵书迭出的齐威王时代不无关系。

另外还应谈一下《管子》。该书是托名春秋时期齐国著名的政治家、军事家管仲所作的一部先秦巨著，其中有12篇主要谈的是军事问题，当为齐国兵家的著作。关于这些篇章作成的时代，学术界也存在着不同看法，多数学者认为系战国时代陆续写成于稷下学宫。① 如果这个说法正确的话，我们即使还不能明确指出每篇的具体作者和成书时间，但我们认为，《管子》中谈兵诸篇的陆续出现，与齐威王时代所倡导的重视军事的传统、所开创的大规模研究兵法的局面之间，存在着某种内在的联系，是毋庸置疑的。

---

① 这个问题比较复杂，笔者将在本书其他章节中另作详细考证。

（四）齐威王本人也是军事家

齐威王统治时期，在他周围之所以聚集了这么多的军事人才，齐国的军事理论之所以取得如此重大的发展，除了我们前面所谈到的诸种原因外，还应该特别说明的是，威王本人也是一位内行的军事家。史书所载他与田忌赛马①的故事以及他与邹忌相见时“去琴按剑”② 的故事，从不同侧面说明齐威王熟练掌握挑选战马、鼓琴、击剑等技艺。他不仅惯于骑战，多次亲率大军出征或与其他诸侯会盟，而且熟读兵法，具有一定的军事理论水平。他向兵家学者们所提出的军事问题，往往是比较深刻和切合实际的，连孙膑都承认齐威王是一位“几知兵矣”的“明君”。③

齐威王在位时期，在军事上取得“战胜于朝廷”④、“最强于诸侯”⑤的巨大成就，绝不是偶然的。比他稍早的魏文侯、与他同时的秦孝公以及比他稍晚的赵武灵王等富国强兵的明君，也都无一不对军事问题给予特别的重视，这是值得后人深思的。

---

① 《史记·孙子吴起列传》。

②⑤ 《史记·田敬仲完世家》。

③ 《孙膑兵法·威王问》。

④ 《战国策·齐一·邹忌修八尺有余》。

第六节　身残志坚，“名显天下”——孙膑

一、孙膑的家世和经历

（一）孙膑的家世和早期经历

孙膑，战国中期齐国杰出的军事大师。其具体生卒年代不详，系春秋末期著名兵圣孙武的“后世子孙”①，出生在“阿、鄄之间”②，即今山东阳谷至鄄城一带。③ 司马迁在《史记·太史公自序》中记述：“孙子膑脚，而论兵法。”孙膑虽然是他受膑刑以后的名字，但由于影响很大，约定俗成，后人反倒很少提及他的原名了。④ 孙膑虽然一生坎坷，惨遭膑脚、黥面的酷刑，但他身残志坚，潜心于对战争实践

①② 《史记·孙子吴起列传》。

③ 关于孙膑故里的具体地址，目前仍有不同说法，有鄄城说、郓城说、阳谷说等，其中以鄄城说影响最大。

④ 有人曾撰文对孙膑的原名进行过考辨，如庄春波《孙膑原名考》（《孙子学刊》1994 年第 3、4 期合刊）；周文良、张存俭《孙膑故里话孙膑》（《孙膑研究》，山东大学出版社 1992 年版）等，但他们的观点尚未得到学界认同，只能供参考。

和军事理论的研究，继承和发展了春秋以来齐国优良的兵学传统，“以此名显天下，世传其兵法”①。他所取得的辉煌成就，在先秦乃至整个古代军事发展史上，都占有极为重要的地位。

孙膑受家世的影响，从小就刻苦学习军事理论，研究谋略阵法，立志在那战争频仍的时代干一番轰轰烈烈的事业。他曾“与庞涓俱学兵法”②，其本领在庞涓之上，而且又得到了孙武兵法十三篇的真传。他昼夜研诵，刻苦学习，对传统兵学理论领悟很深并有所发挥。

庞涓是个追逐功名、贪位慕禄的人。他看到魏国当时比较强大，又听说魏惠王雄心勃勃，急于招揽人才，就提前辍学，下山去魏国做官。庞涓竭尽所能，讲兵练武，很快受到了魏惠王的赏识，当上了将军。庞涓深知孙膑指挥作战的本领超过自己，担心将来自己的地位和权力受到威胁，于是便设下一计，派人请孙膑来魏“共建功名”。孙膑碍于同学的情面，不便推辞，就接受邀请来到了魏国。

（二）在魏国遭到庞涓陷害

孙膑到魏国后，积极为魏惠王献策，其在排兵布阵方面显示出的才能远胜于庞涓。由此，孙膑开始得到魏惠王的重视和喜爱，也使得庞涓更加忌恨他。孙膑虽有谋略，但对庞涓的奸诈之心未加警觉，“不能蚤救患于被刑”③。庞涓经过周密的策划，借故诬陷孙膑有背魏回齐之心，使魏惠王大怒，欲把孙膑处死，而庞涓又装作为孙膑求情，保全其性

①②③ 《史记·孙子吴起列传》。

命，只剔去他的膝盖骨，并在他脸上刺字。庞涓的如意算盘是，既把孙膑弄成了残废，又暂时让他活着，可以为自己抄写兵书。不料，后来阴谋泄露了。孙膑怀着无比悲愤的心情，把已写好的部分兵书烧掉，并佯装精神失常，使庞涓放松了对他的监管，伺机逃离了魏国。

（三）脱险入齐并得到重用

孙膑蒙受了膑脚、黥面的奇耻大辱，并随时可能被庞涓借故杀掉，他想尽一切办法脱离险境。齐国是他的故乡，当时又与魏国为邻，所以孙膑决定以齐国为出逃的目的地。而齐国君臣对孙膑的才能和遭遇也有耳闻，于是齐威王就派人到魏国出使，顺便暗中了解情况。“齐使者如梁，孙膑以刑徒阴见，说齐使。齐使以为奇，窃载与之齐。”①

孙膑脱离虎口来到齐国后，暂住在名将田忌家。田忌久仰孙膑的大名，经过一段时间的交往后，对其才智有了更深的了解，待之以上宾之礼。田忌经常同孙膑谈论兵法，对他十分钦佩，言听计从。

当时齐国王族公子间经常举行赛马活动，彼此用重金赌输赢。孙膑用计，使田忌在赛马时以弱胜强，赢了齐威王的马，“卒得王千金”②。当齐威王得知是孙膑设的巧计后，更加敬重他。从此，威王把孙膑请到自己身边，拜为军师，经常向他请教各种军事问题。

---

①② 《史记·孙子吴起列传》。

二、孙膑的主要军事实践

（一）同田忌一起指挥桂陵之战

桂陵之战，既是我国历史上一次著名的战争，也是孙膑军旅生涯中非常重要的组成部分，历来为古今学者所关注和称道。关于这场战争的情况和相关诸问题，本书将另作考述，在此仅简要介绍一下桂陵之战的经过以及孙膑在这场大战中所发挥的关键作用。

公元前354年，赵国进攻魏国的属国卫国，魏国派庞涓率军八万人包围了赵国的都城邯郸，赵国派使臣向齐国求救。齐威王召集文武大臣征求意见时，邹忌主张："不如勿救。"① 而段干朋则认为："不救则不义，且不利。"②他进一步指出，这次救援应把齐国的利益放在首位。齐威王听从了他的建议，也派出八万人的军队出征。威王本想任命孙膑为主将，孙膑推辞说："刑余之人不可。"③ 于是威王以田忌为主将，以孙膑为军师，"居辎车中，坐为计谋"④，共同指挥作战。

在孙膑的策划下，齐军不去赵国与围攻邯郸的魏军决战，而是迅速向魏国的都城大梁进军。经过艰苦作战刚刚占领邯郸的魏军，听到齐军奔袭大梁的消息，不得不由庞涓率主力快速回军驰援。而这时孙膑和田忌已将齐军主力埋伏在

---

①② 《史记·田敬仲完世家》。

③④ 《史记·孙子吴起列传》。

桂陵[1]，并以少量军队将魏军引到这里。当庞涓率兵进入伏击圈后，齐国的生力军以逸待劳，突出截击，“大破梁军”[2]。经过孙膑的精心谋划和巧妙安排，齐国军队终于击败了强劲的对手，取得了桂陵之战的胜利。

（二）与田忌、田盼等一起指挥马陵之战

马陵之战，是战国时期继桂陵之战后齐、魏之间爆发的又一次著名的战争。这场战争不仅在齐国军事史上占有极为重要的地位，而且对战国中期以后列国之间争霸形势的演变也产生了巨大的影响。孙膑作为这场战争的“总导演”，其军事指挥艺术比桂陵之战时更加出色，已达到炉火纯青的境界。马陵之战的胜利，堪称孙膑一生军事实践最为得意的杰作。

由于马陵之战涉及的各种史实问题很多，有些也比较复杂，本书已另辟章节作专门讨论，这里仅简述一下马陵之战的大致过程和孙膑在这场战争中高超的指挥方略。

桂陵之战，魏国虽然遭到惨败，但其实力并未受到根本性的削弱。在其后若干年的争霸战争中，仍扮演着重要角色。公元前341年，即桂陵之战后的13年，魏惠王派太子申和庞涓率倾国之兵进攻韩国。韩国弱小，难以抵挡魏军的兵锋，危难中向齐国请求救兵。

齐国君臣在商议是否出兵救韩时又发生了分歧，齐相邹

---

① 关于桂陵之战的地址，目前学术界看法不太一致。多数人认为在今山东菏泽东北一带。另有人认为在今河南长垣西南。

② 《史记·孙子吴起列传》。

忌认为不救为好，张丏则认为：“晚救之，韩且折而入于魏，不如早救之。”① 孙膑既不同意不救，也反对过早出兵，他说：“夫韩、魏之兵未弊而救之，是吾代韩受魏之兵，顾反听命于韩也。且魏有破国之志，韩见亡，必东面而愬于齐矣。吾因深结韩之亲而晚承魏之弊，则可受重利而得尊名也。”② 齐威王采纳了孙膑的意见，告诉韩国一定会去援救，等到魏国与韩国间的战争持续了一段时间、双方都已筋疲力尽时，选择最佳时机发兵直取大梁。这次齐军统帅是田忌、田盼等人，孙膑仍为军师。

庞涓和太子申听说齐军进攻魏国，怕大梁有失，只好从韩国撤兵，率十万大军寻找齐军决战，企图一举歼灭之。这时齐军按照孙膑的谋略，主动撤退，引诱敌军，并通过周密的安排，利用马陵③的险要地形预先设伏。当魏军追击至此时，万弩齐发，伏兵尽出，庞涓自杀，太子申被俘。魏国军队遭受这次重创后，很长时间一蹶不振，齐、魏两国的实力对比发生了根本性转变。

（三）晚年生涯及在军事方面的作为

马陵大捷之后，齐国君臣没有利用大好形势进一步增强国力军力，奠定其霸主的地位，而是在统治集团内部展开了一场争权夺利的激烈斗争。

齐相邹忌在协助威王整顿吏治等方面出过力，也曾举荐

---

① 《战国策·齐一·南梁之难》。

② 《史记·田敬仲完世家》。

③ 关于马陵之战的地址，学术界也有不同看法，争论激烈。先后共有13种说法，目前影响最大的是“郯城说”和“莘县说”。

过一些人才[1]，但他心胸狭窄，忌妒田忌、孙膑等人在对外战争中接连立下大功，担心自己的地位不稳，必欲除之而后快。当田忌在马陵大败魏军、率军回朝时，邹忌手下的亲信公孙闬就设计陷害他，“乃使人操十金而往卜于市，曰：‘我田忌之人也，吾三战而三胜，声威天下，欲为大事，亦吉否？’卜者出，因令人捕为人卜者，亦验其辞于王前”[2]。齐威王此前对田忌手握重兵就存有疑虑，而对邹忌则极为赏识，这次见到公孙闬精心伪造的田忌有谋反之嫌的证据，竟然未加详察就深信不疑了，准备等田忌回到临淄后夺其兵权，严加惩处。这件事是齐威王晚年政治上的主要失误之一，对齐国军队造成的损失尤为严重，也使军事上来之不易的大好局面付诸东流了。

经过长期的政治、军事斗争的锤炼，孙膑对齐国的政局及邹忌、田忌之间根深蒂固的矛盾早有了解。此时他虽远在前线，还不知道邹忌等人阴谋的细节，但他以一个军事谋略家的敏锐眼光，判断出田忌所面临的巨大危险。孙膑向田忌建议说：“将军无解兵而入齐。使彼罢弊老弱守于主……然后背太山，左济，右天唐，军重踵高宛，使轻车锐骑冲雍门。若是，则齐君可正，而成侯（邹忌）可走。不然，则将军不得入于齐矣。”[3] 从当时的情况来分析，如果孙膑的计

① 据《说苑·臣术》记载，邹忌本人曾说过：“忌举田居子为西河，而秦、梁弱；忌举田解子为南城，而楚人抱罗绮而朝；忌举黔涿子为冥州，而燕人给牲，赵人给盛；忌举田种首子为即墨，而于齐足究；忌举北郭刁勃子为大士，而九族益亲，民益富。”

② 《战国策·齐一·成侯邹忌为齐相》。

③ 《战国策·齐一·田忌为齐将》。

划能够实现，有可能扭转危局，使田忌立于不败之地。但田忌对斗争的复杂性和残酷性缺乏深刻的理解，在千钧一发的关键时刻思想准备不足，表现得犹豫不决，结果战机稍纵即逝，最后只好逃亡到楚国。

孙膑的晚年生涯，史书中没有直接记载，后世虽有许多传说、推测，也都只能存疑而难以核实。我们认为，孙膑与田忌有过长期的合作并且关系很好，应该是随其一起到了楚国。著名的《孙膑兵法》很可能主要就是在楚国期间写成的。后来，齐宣王即位后，察觉到当年田忌是被冤枉的，于是“召田忌复故位”①。孙膑如果还健在的话，也应一起回到了齐国，从此过着隐居的生活。

三、孙膑的用兵特点和军事思想

（一）“一不胜而再胜”的策略

孙膑的用兵思想和军事理论，大多反映在《孙膑兵法》一书中，对此我们暂不议论，而是根据史书所载，对他本人用兵的几个主要特点及其反映的军事思想加以评介。

其中，“一不胜而再胜”② 是孙膑到齐国后为田忌贡献的第一条妙计。

齐国君臣间经常举行赛马活动，当时田忌的上、中、下三等马均比齐威王的稍差一点，如果按正常顺序比赛，必然三赛三负。孙膑经过仔细观察后，建议田忌：“今以君之下

① 《史记·田敬仲完世家》。
② 《史记·孙子吴起列传》。

驷与彼上驷，取君上驷与彼中驷，取君中驷与彼下驷。”①结果三场比赛之后，田忌“一不胜而再胜，卒得王千金”②。孙膑提出的这一策略，虽然只是用在赛马中，但在军事上有着广泛的应用价值，其中包含的深刻哲理，闪烁着智慧的光芒。

（二）“批亢捣虚”、围魏救赵的方略

“批亢捣虚”、围魏救赵方略的提出和实施，是孙膑军事指挥生涯中最为得意和辉煌的一页，也是他对传统兵家军事思想的创造性的发挥。

孙膑的这一用兵方略，是在魏军主力围攻邯郸一年有余，田忌打算率领齐军杀奔赵国解邯郸之围时提出的。他指出：

> 夫解杂乱纷纠者不控卷，救斗者不搏撠，批亢捣虚，形格势禁，则自为解耳。今梁赵相攻，轻兵锐卒必竭于外，老弱罢于内。君不若引兵疾走大梁，据其街路，冲其方虚，彼必释赵而自救。是我一举解赵之围而收弊于魏也。③

所谓“批亢捣虚”，其实就是避实击虚、出其不意。田忌听从了孙膑的建议，“引兵疾走大梁”。以后的战争进程，几乎完全是按孙膑的预计展开的，齐国军队既解了邯郸之围，又“收弊于魏”，在时间上、空间上都取得了对魏决战的主动权，以逸待劳，以有备击无备，局部以多打少。孙膑用兵方略的高明之处恰恰在于，使敌军不得不救大梁，然而回救大

①②③ 《史记·孙子吴起列传》。

梁即被动，陷于两难的境地。而齐军只付出极少的代价，便一举多得，赢得了极大的胜利。

“批亢捣虚”、围魏救赵的方略，在我国古代军事思想宝库中占有非常重要的地位，也成为后世用兵者必须掌握和经常使用的经典战法。

（三）退兵减灶、设伏聚歼的谋略

如果说“批亢捣虚”、围魏救赵是孙膑在战争指挥艺术上的一大创举，那么退兵减灶、设伏聚歼则是他在此基础上更熟练地运用谋略诱敌误敌的有力证明。我们认为，孙膑在马陵之战前成功地实施退兵减灶、设伏聚歼的谋略，是取得整个战役胜利的关键一环。

当时，魏国军队进攻韩国，齐军应邀发兵解韩之围。孙膑从战局发展的实际出发，审时度势，建议田忌等人率军“直走大梁”①，迫使魏将庞涓不得不“去韩而归”②。这一战法表面上看似乎是桂陵之战的重演，但实际上这次孙膑所使用的谋略更加奇妙，策划得更为周密。他对田忌等人说：“彼三晋之兵素悍勇而轻齐，齐号为怯，善战者因其势而利导之。兵法，百里而趣利者蹶上将，五十里而趣利者军半至。使齐军入魏地为十万灶，明日为五万灶，又明日为三万灶。”③上次是围点打援，以攻大梁为名，在其必救的路上伏击魏军。而这次是佯装怯阵，在退兵中以减灶使敌军骄傲轻敌，导致庞涓再次上当。庞涓“行三日，大喜……乃弃其步

---

①②③《史记·孙子吴起列传》。

军，与其轻锐倍日并行逐之”[①]，即只率骑兵向前追击，使兵力对比陷入了劣势。而孙膑通过侦察判断，“度其行，暮当至马陵”[②]，预先埋伏重兵，一战聚歼了魏军的精锐部队。

退兵减灶、制造假象、因势利导、设伏聚歼等一系列战法，被永远地载入了史册，不仅充分显示了孙膑高超的军事谋略，而且使后人可以从中得到许多启迪和借鉴。

①② 《史记·孙子吴起列传》。

第七节 守城名将，复国功臣 ——田单

一、田单的军事实践

（一）田单的早期经历

田单，战国后期齐国优秀的军事家和复国功臣。他是齐王的宗室远亲，具体生卒年代不详，在齐湣王当政时曾做过临淄的“市掾”①，即负责都城市场管理的小官。田单年轻时已对兵法有所研究②，但因其地位卑微，“不见知”③。

齐湣王十七年（前284），燕昭王任命乐毅为上将军，

①③ 《史记·田单列传》。

② 如《史记·田单列传》引《索隐述赞》评价说：“军法以正，实尚奇兵。断轴自免，反间先行。群鸟或众，五牛扬旌。卒破骑劫，皆复齐城。襄王嗣位，乃封安平。”

联合秦、赵、魏、韩组成五国联军攻齐。[1] 齐湣王以触子为统帅，仓猝应战，齐国军队士气低落，毫无斗志，加上准备不足，指挥不力，在济西与五国联军刚一接触即溃不成军，大败而退。触子逃亡下落不明，其副将达子战死，齐军主力丧失殆尽，国都临淄也被燕军攻破，齐湣王被迫辗转逃到莒（今山东莒县）。这时楚王派淖齿率军入齐，名为援救，实则趁火打劫，企图瓜分齐国土地。齐湣王愚蠢地任命淖齿为相，结果被淖齿借机杀掉，“而与燕共分齐之侵地卤器”[2]。

历史提供契机，时势造就英雄。在敌军入侵、国土沦丧、国君被杀、国家危亡的关键时刻，田单挺身而出，以其非凡的军事才能登上了历史舞台，为守城复国、扭转危局起到了中流砥柱的作用。

作为战国后期齐国最优秀的军事指挥家和复国功臣，田单坚守孤城、成功复齐以及复齐之后的军事实践，在古代军事史上占有很高的地位。他的用兵特点中有不少值得总结的闪光之处，给历代兵家以诸多教益，特别是他最终不得不挂冠而去、离齐赴赵的曲折经历，更是给后人以深刻的历史启迪。

（二）受任于危难：坚守即墨城

在燕国军队进攻临淄时，齐人纷纷出逃，躲避战乱。田单也率领家人先到安平，再到即墨。在逃难的过程中，田单临危不惧、指挥若定的军事才能已开始显露。此后，燕将乐毅重新部署，大举进攻，“引兵东围即墨，即墨大夫出与战，

---

① 参见《史记·乐毅列传》。

② 《史记·田敬仲完世家》。

败死。城中相与推田单”[1]。在内无守城主将、外有大兵围攻的困境中，即墨的全城军民誓不投降，共同拥戴曾经“习兵”[2]、足智多谋的田单为将军。就这样，田单受任于危难之际，当仁不让地担负起抗燕复国的历史重任。他领导全城军民克服重重困难，想尽一切办法抗击入侵之敌，“以即墨拒燕”[3]，坚守孤城数年之久。

（三）反败为胜：收复齐国失地

从当时齐燕之战的整个形势来看，对齐国来说还是很严峻的。“乐毅留徇齐五岁，下齐七十余城，皆为郡县以属燕，唯独莒、即墨未服”[4]。公元前283年，莒城的齐国忠臣王孙贾等人不满“淖齿乱齐国，杀湣王”[5]的行为，“刺而杀之”[6]。之后，大家找到湣王之子法章，立为齐王，“是为襄王。以保莒城而布告齐国中”[7]，暂时稳定了局势。而实际上即墨城是抗燕复国的主要根据地。

在即墨，田单被推举为将军后，在加固城防、积蓄力量的同时，为挽救危局，反败为胜，巧施一连串奇谋妙计，以鼓舞军队士气，诱使敌人失误。

例如，田单命令城中的人在吃饭时“必祭其先祖于庭，飞鸟悉翔舞城中下食”[8]。田单乘机宣称：“神来下教我。”[9]然后再让一个士卒假装神师发号施令。田单用这种办法坚定了全城军民必胜的信念，而使燕国人惊疑不定。

---

①②③⑧⑨《史记·田单列传》。

④《史记·乐毅列传》。

⑤⑥《战国策·齐六·王孙贾年十五事湣王》。

⑦《史记·田敬仲完世家》。

又如，他与士卒同甘共苦，“乃身操版插”[1]，甚至把自己的“妻妾编于行伍之间，尽散饮食飨士”[2]。在当时的历史条件下，田单采取的这些措施，很好地调动了守城官兵的积极性：“当此之时，将军有死之心，而士卒无生之气……莫不挥泣奋臂而欲战。”[3]

再如，田单派人不断散布一些假情报，使燕军决策连续出现重大失误。田单先是利用谣言使燕将乐毅被骑劫所取代，然后又诱使燕军犯下劓俘、掘墓等种种暴行，激起了齐国军民的极大反感。“即墨人从城上望见，皆涕泣，俱欲出战，怒自十倍。”[4]田单为麻痹敌人，下令精锐甲士都潜伏起来，而让老弱、女子到城上守备。他还派使者到燕军中诈称要约定投降时间，“又收民金，得千镒，令即墨富豪遗燕将，曰：‘即墨即降，愿无虏掠吾族家妻妾，令安堵。’燕将大喜，许之。燕军由此益懈”[5]。

经过上述长期而艰苦的准备，齐襄王五年（前279），田单终于找到了反击燕军的最佳战机。他采取“火牛阵”的特殊战法，率齐军从城中突然杀出，燕军猝不及防，四散奔逃，死伤极多，主将骑劫被杀。田单不给敌人以喘息之机，“齐人追亡逐北，所过城邑皆畔燕而归田单，兵日益多，乘胜，燕日败亡，卒至河上，而齐七十余城皆复为齐”[6]。最终大获全胜，全部收复了齐国的失地。

（四）其他重要的军事成就

在即墨大捷、收复失地之后，田单声威大震，而且军权

---

①②④⑤⑥ 《史记·田单列传》。

③ 《战国策·齐六·田单将攻狄》。

在握，“齐国之众，皆以田单为自立也”[1]。但田单以大局为重，“乃迎襄王于莒，入临淄而听政”[2]。这充分体现了田单作为一名优秀军事家德才兼备、无私报国的高尚品格。

此后，田单被齐襄王封为安平君，并任齐相。据《战国策》记载，田单任职之后“忧民之饥”“忧民之寒”，[3]政绩不俗。他在军事上也颇有建树，取得了一些重要的成就。

攻打聊城是田单指挥的一次重要战役。当初，有一位燕军将领攻下齐国的聊城（今山东聊城）后，有人在燕王面前说了他的坏话，“燕将惧诛，遂保守聊城，不敢归”[4]。田单反攻时，被占的七十多座城都收复了，只有聊城还在燕军手中。后来田单亲率大军围攻，但由于聊城易守难攻，齐军付出了不小的代价也未能得手，“岁余，士卒多死，而聊城不下”[5]。田单见强攻难以奏效，就采用攻心战术，请智谋之士鲁仲连写信，向守城的燕将分析形势，晓以利害。“燕将见鲁仲连书，泣三日，犹豫不能自决”[6]，想逃回燕国，因已遭到燕王怀疑，怕被杀；想投降齐国，又因杀过许多齐国人，怕“见辱”[7]，所以只好“喟然叹曰：‘与人刃我，宁自刃。’乃自杀”[8]。他死后，城内陷于混乱，田单乘机一举收取了聊城。

田单指挥的另一次重要军事行动是攻打狄人。这次战斗开始时并不顺利，打了三个多月没有结果，后来田单还是请

①③ 《战国策·齐六·燕攻齐齐破》。
② 《史记·田单列传》。
④⑤ 《战国策·齐六·燕攻齐取七十余城》。
⑥⑦⑧ 《史记·鲁仲连邹阳列传》。

鲁仲连出谋划策，同时经过充分准备，再发起攻击。他“立于矢石之所，乃援枹鼓之”①，终于打败了狄人。

经过田单等人的奋力征战，相当程度上延缓了齐国的衰败，使襄王在位时期的军事局面尚能维持。但齐国经过如此战乱的浩劫，国力毕竟损失太大，错过了快速发展的历史契机，残破局面终非个人的努力所能彻底扭转。而且复国之后的齐国统治集团从整体上看，水平不高，目光短浅，不思进取，贪图享乐，同时互相倾轧的政治斗争日趋激烈。田单深感失望和厌恶②，自知难以实现其重整山河、富国强兵的雄心壮志。齐襄王十九年（前265），秦国军队利用赵孝成王刚刚即位的机会进攻赵国，“拔三城”③，赵国在十分危急的情况下向齐国求救，于是田单援赵，击退了秦军。此年恰逢齐襄王去世，齐国政坛出现了新的动荡，田单因此不再返齐而留在了赵国。他晚年在军事上雄风不减，“田单将赵师而攻燕中阳，拔之。又攻韩注人，拔之”④，连打两个胜仗。但他始终不曾对自己的故国齐国用过一次兵。司马迁在《史记·田单列传》中称赞：

> 兵以正合，以奇胜。善之者，出奇无穷。奇正还相生，如环之无端。夫始如处女，适人开户；后如脱兔，适不及距：其田单之谓邪！

鲍彪在注《战国策》时指出：

> 单自复齐之后，唯有伐狄之战。……而襄王十年，

---

① 《战国策·齐六·田单将攻狄》。

② 参见《战国策·齐六》中《燕攻齐齐破》及《貂勃常恶田单》的有关内容。

③④ 《史记·赵世家》。

> 赵、燕、周取齐昌国、高唐。十三年，蔺相如伐齐，至平邑。秦客卿灶暨楚，仍岁攻刚寿。以单之在齐而丧地被兵，不闻其却战而克敌也。而一为赵用，遂以立功。意者，单以功高被谗，齐襄虽为之杀谮者，所以任单者，不能展尽欤？不然，则单之惧祸持怯而自晦也。……然单之在赵，自二战之后，不闻他功。盖既试其端，而亦终不忍背宗国以为赵用也！单之心亦可见矣！①

我们认为，太史公和鲍氏对田单晚年军事生涯的这两段评价都是很中肯的。

二、田单的用兵特点

（一）独具慧眼选择复国之地

如果说乐毅破齐的济西之战为田单登上历史舞台提供了契机，那么选定即墨为复国之地并成功退守此城，则是田单在军事上崭露头角的开始。

当时，齐军主力溃败，燕军长驱直入，田单在临淄陷落后同家人、部众逃到安平。他以杰出军事家的敏锐观察力对整个战争形势进行了切合实际的分析、判断。田单深知安平难以抵挡燕军的攻势，不可困守此地，而应早作他图。他经过慎重考虑后，选定了即墨城为抗燕复国之地。即墨距安平不算太远，而且城池宽阔坚固，物资储备丰富，又有较多的人力和武器装备，易于长期坚守。田单这一独具慧眼的战略

① 《战国策·齐六·田单将攻狄》鲍本补曰。

选择，为后来复国战争的胜利奠定了基础。

另外，当时把一批人安全地从安平撤到即墨也并非易事。田单率众刚离开不久，安平城就被燕军攻破了，人们争相奔逃，致使道路堵塞，许多人因为木制车轴互相碰撞折断而被燕军俘虏，唯独田单早有准备，让“宗人以铁笼故得脱”①，就是给木制车轴包上铁皮。在战争史上，一次成功的撤退有时要比一次成功的追击更为难能可贵。田单临危不惧，有勇有谋，及时、安全地率众“东保即墨”②，为齐国日后的反攻保存了有生力量。这次行动在军事上的价值不容低估，从某种意义上说甚至堪与2000多年后著名的敦刻尔克大撤退相媲美。

（二）巧施离间计除掉乐毅

在田单复国之战的整个过程中，巧施离间计除掉燕国名将乐毅是至关重要和最为精彩的一幕。

乐毅不仅作战勇猛，善于用兵，而且纪律严明，极有谋略，他的存在是对齐国安危的巨大威胁。因此，田单在坚守即墨的同时，时刻寻找除掉这个强劲对手的机会。公元前279年，对乐毅一向言听计从、十分信任的燕昭王去世，惠王即位。燕惠王早在当太子时就“与乐毅有隙”③，而且对其拥重兵在齐却迟迟没攻下莒和即墨两城心存疑虑。田单洞察这一变化后，立即派间谍潜入燕国，制造舆论说：“齐王已死，城之不拔者二耳。乐毅畏诛而不敢归，以伐齐为名，实欲连兵南面而王齐。齐人未附，故且缓攻即墨以待其事。

①②③《史记·田单列传》。

齐人所惧，唯恐他将之来，即墨残矣。”[①] 愚蠢的燕惠王果然中了离间计，派并非将才的骑劫代替乐毅为伐齐燕军的统帅，乐毅被迫逃亡到赵国去了。这次易将，使燕军士气受挫，“人士卒忿”[②]，为最后的失败埋下了祸根，而这也恰恰从反面证明田单的离间计取得了成功。

（三）妙用火牛阵大破燕军

火牛阵，是田单创造出来的一种在冷兵器作战时代威力很大的战法。在实战中，即墨军民妙用火牛阵进行夜间突袭，结果以少胜多，大败优势之敌，给了围城的燕军以决定性的打击。

经过五年顽强的坚守，田单终于发现反攻的时机已经来到。于是他就下令在即墨城里收集了千余头牛，给它们都穿上绛红色的衣服，上面画上五彩龙形的花纹。在牛角上绑上锋利的尖刀，牛尾上绑上灌了油脂的芦苇。又派人在城墙根上凿开几十个洞。在夜幕的掩护下，点燃牛尾上的芦苇，把牛从洞中驱赶出去，再精选五千多名勇士随后杀出。“牛尾热，怒而奔燕军，燕军夜大惊。牛尾炬火光明炫耀，燕军视之皆龙文，所触尽死伤。五千人因衔枚击之，而城中鼓噪从之，老弱皆击铜器为声，声动天地。燕军大骇，败走。”[③] 火牛阵的成功，使齐国军队大获全胜，同时也为我国兵法宝库增添了新的内容，在古代军事历史上写下了光辉的一页。

---

①②③ 《史记·田单列传》。

（四）虚心向鲁仲连请教用兵之道

田单作为一代名将，一生中打过许多胜仗而很少失败。对他在军事方面所取得的辉煌战绩和表现出的卓越才能，当时或稍后之人有口皆碑、评价极高，齐襄王的大臣貂勃指出："自天地之辟，民人之治，为人臣之功者，谁有厚于安平君者哉？……安平君以惴惴之即墨，三里之城，五里之郭，敝卒七千，禽其司马，而反千里之齐，安平君之功也。"① 荀子认为："故齐之田单……是皆世俗之所谓善用兵者也。"②《吕氏春秋·行论》也称赞他："田单以即墨城而立功。"司马迁更是高度评价说："兵以正合，以奇胜。善之者，出奇无穷。奇正还相生，如环之无端。夫始如处女，适人开户；后如脱兔，适不及距：其田单之谓邪！"③

田单不仅用兵出神入化，战功卓著，而且能够保持清醒的头脑，注意不断吸取他人的长处，虚心向有识之士学习，其中以两次向鲁仲连请教用兵之道最为典型。

"鲁仲连者，齐人也。好奇伟俶傥之画策，而不肯仕宦任职，好持高节。"④ 田单第一次向他求教是在攻打聊城时，因见强攻难以奏效，鲁仲连就提出用攻心战术，"乃为书，约之矢以射城中，遗燕将"⑤。田单听从了他的建议，结果轻易地夺取了聊城。第二次是田单与狄人作战时，鲁仲连在

---

① 《战国策·齐六·貂勃常恶田单》。
② 《荀子·议兵》。
③ 《史记·田单列传》。
④⑤ 《史记·鲁仲连邹阳列传》。

他出征前不客气地指出：“将军攻狄，不能下也。”① 田单听了一时难以接受，不高兴地说：“臣以五里之城，七里之郭，破亡余卒，破万乘之燕，复齐墟。攻狄而不下，何也？”②结果不出鲁仲连所料，攻狄之战“三月而不克之也”③。田单这才明白了鲁仲连有先见之明，连忙赶回来虚心地向他请教：“先生谓单不能下狄，请闻其说。”④鲁仲连中肯地分析道：“将军之在即墨，坐而织蒉，立则丈插，为士卒……（士卒）莫不挥泣奋臂而欲战，此所以破燕也。当今将军东有夜邑之奉，西有菑上之虞，黄金横带，而驰乎淄、渑之间，有生之乐，无死之心，所以不胜者也。”⑤田单听后顿时领悟了其中的道理，感激地说：“单有心，先生志之矣。”⑥第二天田单重回前线后，冒着敌人的箭石，亲自擂鼓攻城，全军在他的鼓舞下，一举攻下了狄城。

三、田单被迫离开齐国的历史启迪

（一）田单被迫离开齐国

前面已介绍，齐襄王十九年（前265），田单援赵击秦，后来齐襄王去世，齐国政坛的动荡使田单决定不再返齐，而留在了赵国。

在齐国最困难的时候，田单鞠躬尽瘁，不顾安危，苦苦支撑了三年多，复齐之后，田单并没有为自己谋求私利，而是继续带头奋战在第一线，为民请命，为国分忧，拳拳之

①②③④⑤⑥ 《战国策·齐六·田单将攻狄》。

心，可昭日月。田单最终不得不离开齐国，给了我们诸多的历史启迪。

（二）善善不进，恶恶不退

“善善不进，恶恶不退，贤者隐蔽，不肖在位，国受其害。”① 靠着田单等人的艰苦努力，齐国在复国之初勉强维持了几年，也打了几个胜仗。但是，个别领域里取得的成功和进展，掩盖不了齐国国力总体上的下滑和衰败，就像长空中闪过的几颗流星，难以改变沉沉夜色的黑暗笼罩。

齐襄王即位于齐国国势异常复杂和困难的年代，在田单复齐之初，合原有的莒与即墨两城之力，借一统齐地之威，有可能乘势而上，成就一番事业。令人遗憾的是，齐襄王虽然也给予了田单一定的地位和职务，将其封为安平君兼任齐相，并在貂勃的敦促下杀掉了讲田单坏话的几个佞臣。但他“不用辅佐之助，不听圣慧之虑”②，为人目光短浅，做事昏庸专制，在许多实质性问题上对田单加以牵制和掣肘。特别是他被复国的胜利冲昏了头脑，贪图享乐，渐趋腐败，不思进取，不愿改革，使大好局面付诸东流，使智勇双全的一代名将田单“英雄无用武之地”，不得不挂冠而去。而百废待兴的齐国，在田单等人离去后，实在无人才可用，内政外交上也乏善可陈，灭于秦军之手只是时间问题了。

---

① 《黄石公三略 · 上略》。

② 《黄帝四经 · 称经》。

（三）深情告别故国

“人君不修其道德，则贤去邪用而国危。”① 从田单复齐前后的所作所为来看，他对齐国的忠诚是毋庸置疑的，论者绝对没有理由因为其最终离齐赴赵而怀疑他的人格、批评他的操守。在离开齐国之前，他殚精竭虑，奋力拼搏，立下赫赫战功；在离开齐国之后，他处处维护齐赵友谊，不曾对故国用过一次兵，也不曾受封于赵，甚至在连打两个胜仗之后，不再指挥作战，急流勇退，高风亮节，不能不使人高山仰止，肃然起敬。平心而论，假如田单当时不走，也是于事无补的，大厦将倾，独力难支，一腔热血，报国无门。经过几年的风风雨雨，田单清醒地看出，齐襄王并不想真正进行改革，他管理不善，政出多门，任人唯亲，治国无方，邪恶势力已日益坐大，而领导集团中的君王后、齐王建之流更是愚蠢至极，腐败透顶，不能共事，不堪为伍。外部则有如狼似虎的秦军，正伺机而来，时时威胁着齐国的生存。面对着内外交困、满目疮痍的齐地，田单站在齐赵边境上，用深情的一瞥告别故国时的心情是难以言状的。

（四）田单是真英雄

“怒发冲冠一曲歌，英雄报国剑横磨。激扬讨虏旌旗壮，愤慨当朝鬼蜮多。”② 田单毕竟是真英雄，他能够始终以处变不惊的平常心应对困难的处境和复杂的局面。实际上，他

① 《戊笈谈兵》。
② 华钟彦：《题汤阴岳鄂王庙》。

的特立独行和坚持改革必然会堵塞一些贪婪者的财路，也会成为一些野心家的阻碍。因此，田单遭到某些权贵的猜忌，遭到无能之辈的嫉恨，遭到既得利益者的谗害，是难以避免的。既然得不到齐王的肝胆相照，得不到朝廷的理解与信任，那么他唯一正确的选择就是离开齐国，全身而退。这一方面显示出田单作为一代名将那种云卷云舒、来去任我的豪迈，另一方面则体现了田单坚决不与卑鄙小人同流合污、合则留、不合则去的凛然正气，同时也是他在政治上为齐国所能做的最后一件事情。田单以自己的悄然离去，避免了朝中矛盾的升级和又一次冲突的发生，延缓了齐国国力的进一步削弱。

（五）英名流芳百世

“孤愤书两表，墨迹犹在；报国秉一心，浩气长存。”①田单虽然才华横溢、智勇兼备，并且为齐国的复兴摧城拔寨起到了中流砥柱的作用，却得不到国君以及齐国王室的充分信任和真正支持，的确令人感到心寒。田单复齐之后的曲折经历，其实并不是偶然的历史现象，历史上的许多忠臣良将也有与他非常相似的境遇，比如司马穰苴、吴起、商鞅、孙膑、乐毅、祖逖、岳飞等，不一而足，俯拾即是。三国魏时的李康在《运命论》中曰：“木秀于林，风必摧之……行高于人，众必非之。”先行者是孤独的，先行者更是伟大的。对于投身改革事业的志士来说，其人生道路本来就是不平坦的，风起云涌，跌宕起伏，蹉跎了他们，

① 汤阴岳飞纪念馆魏传统题联。

锤炼了他们，也造就了他们。至于荣辱毁誉，成败利钝，早已被置之度外！历史是无情的，历史却并不总是以暂时的成败来论英雄，改革先驱者们的业绩和功勋已永载史册，他们的英名也必将流芳百世！

（六）齐国的迅速衰落

“兴业如同针挑土，败业好似水推沙。”战国末期的齐国，由此前的两强之一迅速衰落为不堪一击的弱国，许多历史学家曾对此感到困惑，议论颇多。而这个历史事实再次揭示了一条真理：腐败和无能是改革失败、事业无成两个最大的原因，在实践中消灭这两个顽症，比在军事上战胜强敌和在经济上克服贫困还要难得多。其往往需要多种因素齐备，一是改革者的献身精神，二是制约机制的建立，三是相关人员整体素质的提高。三者成龙配套，不可或缺。比较起来，田单的个人遭遇还不是最差的，齐襄王也不能算是最暴虐的国君。但同其他诸侯国相比，当时齐国统治集团的成员多数素质不高、无力承担改革的重任是显而易见的。“冰冻三尺，非一日之寒”，如果没有机制上和人事上的重大改变，齐国国力总体上的下滑趋势已难以逆转。

（七）成就大业需要良好的环境

“天下卒归之者，盖能收人之智，而任之不疑也。”① 历史上能够成就大业者，不仅需要有一批良臣猛将，更需要有适于他们施展才华、实现抱负的良好环境。“千里马常有，

① 《何博士备论·楚汉论》。

而伯乐不常有。”我们联想到春秋时代的管仲，也是一位同田单相似的优秀人才。管仲在齐国历史上发挥的作用大于田单，而且在军事改革领域取得了巨大的成功。其实从文韬武略各个方面加以比较，管仲并不见得比田单高出多少。不站在同一起跑线上的运动员是难以分出谁优谁劣的，由此可以看出环境对于人才才能的发挥具有多么重要的作用。管仲的成功，除了他自己的努力外，与齐桓公对他的尊重和信任是分不开的，桓管之间的默契配合，相辅相成，恰如车之两轮，缺一不可。假如没有齐桓公的知人善任以及鲍叔牙等贤臣的无私举荐，管仲断难由一个桎梏在身的阶下囚破格当上齐国之相，更不可能在军事领域实行那一系列卓有成效的改革。

（八）田单腹背受敌，承受压力

“义者不为不仁者死，智者不为暗主谋。”① 在《战国策·齐六》中有两段耐人寻味的文字，其一是《燕攻齐齐破》记述：

> 过菑水，有老人涉菑而寒，出不能行，坐于沙中。田单见其寒，欲使后车分衣，无可以分者，单解裘而衣之。襄王恶之，曰：“田单之施，将欲以取我国乎？不早图，恐后之。”左右顾无人，岩下有贯珠者，襄王呼而问之曰：“汝闻吾言乎？”对曰：“闻之。”王曰：“汝以为何若？”对曰：“王不如因以为己善……单有是善而王嘉之，善单之善，亦王之善已。”王曰：“善！”乃赐

① 《黄石公三略·中略》。

单牛酒，嘉其行。

其二是《貂勃常恶田单》记述：

> 王有所幸臣九人之属，欲伤安平君。九人之属相与语于王曰："夫一人身，而牵留万乘者，岂不以据势也哉？且安平君之于王也，君臣无礼，而上下无别。且其志欲为不善。内牧百姓，循抚其心，振穷补不足，布德于民；外怀戎翟、天下之贤士，阴结诸侯之雄俊豪英。其志欲有为也。愿王之察之。"异日，而王曰："召相单来。"田单……退而请死罪。五日，而王曰："子无罪于寡人，子为子之臣礼，吾为吾之王礼而已矣。"

公开反对田单的奸臣是九个人，实际上在他们背后肯定还另有人指使，田单一方面要领兵破敌，另一方面要应付歹人的暗算，其承受的压力可想而知。朝中虽有人屡进谗言，进行诽谤，但由于田单廉洁自重，奸臣昏君们竟无法找到他的任何缺陷而加其罪。

（九）直烈遭危，自毁长城

"千刀当剐唐僧肉，一拔何亏大圣毛。"① 当时的齐国，虽然朝中风气不正，倾轧激烈，但也不是"洪洞县里无好人"，尚有理解田单、支持改革的智者。在田单无辜遭到陷害之际，也有像"贯珠者"这样的正义之士勇敢地为他鸣不平。连"常恶田单"的貂勃也站出来讲了几句公道话："自天地之辟，民人之治，为人臣之功者，谁有厚于安平君者哉？而王曰'单，单'。恶得此亡国之言乎？……王不亟杀

① 郭沫若：《看〈孙悟空三打白骨精〉》。

此九子者以谢安平君，不然，国危矣！”不过，从总体力量对比来看，支持改革的呼声毕竟太弱，没有能真正扭转齐王室对田单的看法，田单终于还是离开齐国到赵国去了。田单假如不主动离开齐国，或许还能保住爵位，倘若谨小慎微、卑躬屈膝，在襄王之后的统治集团中谋得一官半职也不无可能，但是田单绝对不屑于这样做，因为这与他的人生准则和性格特质是不相符的。田单的离去，对于他个人来讲，实际上并无妨碍，而对风雨飘摇中的齐国来说，则是一大损失。直烈遭危，高标见妒，同室操戈，兄弟阋墙，自相残杀，自毁长城！至今重读这段历史，仍令人掩卷叹息，扼腕不已！

（十）明智的选择

“魏刖其足，齐有良谋；楚失其心，汉得良将。”① 赵国是战国末年相当长的时期内唯一能够真正与强秦抗衡的国家，形成这一局面的原因很多，但至少有一点是绝对不容忽视的，那就是当时在赵国，有着比其他诸侯国更适于人才生存、发展的融洽气氛和良好环境。在战争不断的特殊历史时期，军事人才的多少对于各诸侯国尤为重要。在赵国，从公元前 279 年至公元前 232 年，短短的几十年间，竟然汇集了赵奢、廉颇、蔺相如、郑安平、乐乘、庞煖、李牧、司马尚、贾偃等一大批贤臣良将，一时多少豪杰，堪称历史奇观。从春秋时代的“楚材晋用”，到战国末期的齐将留赵，时不同而事相近，个中原因值得深思。其中特别应提及的是，在齐燕大战中双方的实际指挥者、两位杰出的军事家乐

① 《翠微先生北征录·平戎十策》。

毅和田单，居然先后都聚到赵国同朝为将了。田单一到赵国，立即受到信任和重用，历史证明了他的选择是明智之举。

田单虽然离开了齐国，但是他的复国业绩和对齐国人民做出的贡献在历史上都被记载下来。齐国灭亡以后，很多文献都被毁掉了，战国时期各诸侯国的史书中只有《秦纪》最为完整。而经过战乱和秦火之后，田单这位并非秦将的人物，其事迹史料竟然得到了较为完整的保存，可见历史终究是公正的。田单开创的战法，被后世许多兵家所习用，田单的英名，始终被人们广为传颂。齐国虽亡，但田单的改革理念和爱国精神鼓舞、激励着齐地人民。田单顽强保卫、战斗近十八年的齐地，历经磨难后重新迎来了英雄辈出和繁荣富强的时代。

第三章　齐国著名兵书及其军事思想

第一节　齐国兵书概论

一、齐国兵书甲天下

在我国古代，尤其是先秦时代，产生过大量的兵书。这是祖先在传统文化宝库中给我们留下的稀世珍宝，也是中华民族对人类文明发展的重要贡献之一。

《汉书·艺文志》之《兵书略》著录“凡兵书五十三家，七百九十篇，图四十三卷”，其中先秦兵书属于齐国系统的，无论在数量上还是质量上都远胜于其他诸侯国。不少学者对此有过评价，如李学勤指出：“先秦兵家之学，以齐国为最盛。”① 李零也认为：“在中国的兵学遗产中，齐国兵学是它最主要的源头。”② 综上所述，我们可以肯定地说，

① 田旭东：《司马法浅说·序》，解放军出版社 1989 年版。

② 《齐国兵学甲天下——兵法源流概说》，《中华文史论丛》1992 年第 50 辑。

在我国的整个先秦时代，齐国兵书甲天下。

二、齐国兵书的主要特点

（一）自由开放，兼容并蓄

自姜太公建国至齐王建向秦兵投降，在800年的历史中，齐国总体上思想比较自由开放，学术空气非常活跃。尤其到春秋战国以后，由于交通发达、商业繁荣等原因，齐国同其他诸侯国的人员往来非常方便，齐文化与外来文化的相互交流十分频繁。仅以齐国著名的兵家学者为例：管仲曾经客居于鲁；孙武长期入吴为将；孙膑分别到过魏、楚两国；田单晚年则在赵国受封。这些经历使他们的思路比较宽阔，较少保守思想，有利于他们在创作兵书时博采广纳各国军事学说的精华。这里要特别提到的是，战国时期稷下学宫的建立和兴盛，也为齐国的兵书提供了更多的在述作过程中学习、吸取各家各派长处的机会。我们从现存的齐国兵书中可以看出，它们已不同程度地融入了儒、法、道、阴阳等各学派的思想观点，凡是在富国强兵中可以借鉴的理论，一律兼收并蓄。这不仅是齐国兵书最主要的特点，而且也是整个齐国军事文化的一大特色。

（二）较少迷信，注重实用

有学者曾撰文认为，好作迂阔之谈的阴阳家，对于齐国兵家的长于思辨有很大影响。① 我们认为，上述说法虽有一定道

① 李零：《齐国兵学甲天下——兵法源流概说》，《中华文史论丛》1992年第50辑。

理，但不够全面。《汉书·艺文志》把兵书分为“权谋”“形势”“阴阳”“技巧”四大类，虽然这种划分现在看起来未必十分科学，但毕竟可以从某种程度上表示其理论层次和侧重点的不同。《汉书·艺文志》将“兵阴阳家”的特征归纳为：“阴阳者，顺时而发，推刑德，随斗击，因五胜，假鬼神而为助者也。”在其所列举的“阴阳十六家，二百四十九篇，图十卷”中，似乎并无一篇是齐国兵书。而如《吴孙子兵法》《齐孙子》《太公》《司马法》等齐国兵书的代表作都被划入了“兵权谋家”。《汉书·艺文志》认为：“权谋者，以正守国，以奇用兵，先计而后战，兼形势，包阴阳，用技巧者也。”将“兵权谋家”与“兵阴阳家”相比较，可以看出前者的迷信色彩要少得多，而对战争的实际指导作用则大得多。我们认为，因为齐国兵家的著作大都来源于战争实践，其述作者本身又多是战场上的军事指挥家，所以，较少迷信、注重实用也是齐国兵书的主要特点之一。

（三）论说全面，博大精深

齐国兵书具有较强的兼容性和实用性，也注意把军事与政治、经济问题相结合，在理论体系上也较之其他诸侯国的兵书更为成熟和完备。正如有学者指出：“先秦齐国兵学著述中最具有特色的是原始辩证思维方法。它们大都体悟到军事领域里诸多矛盾的对立及其转化现象，提出了一系列反映兵学认识对象性质、范围和内容的范畴。”① 因此，论说全面、博大精深就成为齐国兵书的另一个主要特点。

---

① 刘庆：《先秦齐国兵学的基本特征》，《齐文化纵论》，华龄出版社 1993 年版。

第二节 《孙子》及其军事思想

一、《孙子》的成书时代和述作者

《孙子》，又被称为《孙子兵法》，是我国古代史上影响最大的军事著作，也是中华优秀传统文化中重要的组成部分。然而，关于这部举世闻名的兵法大作的成书时代和述作者，是学术界聚讼千年的一大课题。古今学者提出过许多不同的观点，实际上归纳起来主要有两种：一种观点认为，该书作成于春秋时代，其述作者是春秋末期由齐国跑到吴国的大军事家孙武；另一种观点则认为，该书作成于战国时代，其述作者是战国时代的齐国人（有人则断言为战国中期的大军事家孙膑）。1972 年在山东临沂银雀山汉墓中同时出土了《孙子》和《孙膑兵法》两书的竹简，而且正好可以和《汉书·艺文志》中著录的《吴孙子兵法》《齐孙子》分别对应。这一重大发现在一定程度上解开了延续千年的谜团，使

《孙子》一书作于战国孙膑之说不攻自破。但是，重要的分歧似乎并未因此而得到全部解决，对某些问题的争论还在继续。

关于《孙子》的作成时代和述作者问题，目前学术界主要有两种观点：一种观点认为，汉墓竹简两《孙子》的出土不能完全解决《孙子兵法》的作成时代问题，从该书所反映的战争规模、军事思想、体裁形式等方面来看，不是孙武亲著，而是经过长期整理，成书于战国中期的齐国①；另一种观点则认为，从《孙子》书中“仁”的思想倾向、同政略融为一体的战略概念以及所反映的军事制度、作战形式等方面分析，该书应作成于春秋末期。②

我们认为，对此问题应当进行实事求是、一分为二地辨析。从目前掌握的材料来看，应承认该书的本源来自春秋时代由齐国跑到吴国的大军事家孙武。《孙子》十三篇的基本内容也作成于春秋末期，其述作者可能是孙武本人及其弟子。这部兵书是在吴国最早公布于世的。这样说的依据是：

第一，孙武的事迹在先秦文献中有所反映，如《吕氏春秋·上德》中有“阖庐之教，孙吴之兵，不能当矣”的记述。汉代高诱注曰：“孙吴，吴起、孙武也。吴王阖庐之将也，《兵法》五千言是也。”又如《尉缭子·制谈》中评论：“有提三万之众而天下莫当者，谁？曰武子也。”武

① 参见李零：《关于银雀山简本〈孙子〉研究的商榷——〈孙子〉著作时代和作者的重议》，《文史》第7辑，中华书局1979年版。

② 参见蓝永蔚：《〈孙子兵法〉时代特征考辨》，《中国社会科学》1987年第3期。

子即指孙武。除此以外，在《战国策》《韩非子》《黄帝内经》等典籍中也有孙武的记载。

第二，《史记》本传中记载："孙子武者，齐人也。以兵法见于吴王阖庐。阖庐曰：'子之十三篇，吾尽观之矣，可以小试勒兵乎？'对曰：'可。'"明确指出了春秋末期的齐人孙武是该兵法的作者。

第三，《孙子》书中所反映的作战方式与春秋末期南方地区吴、楚、越等国军队的战争实践相吻合。①

第四，《孙子》一书的语言风格也带有春秋时期的某些特点。例如在行文中单称"仁"字而没有将"仁义"作为一个概念连用。而在战国兵书中经常涉及的骑兵作战和城市攻防战，在《孙子》书中也未曾提到。

第五，临沂银雀山汉墓中出土的○233号竹简上明确写着"吴王问孙子曰"，这个"孙子"应指春秋时期的孙武无疑。

第六，《汉书·刑法志》中有"吴有孙武，齐有孙膑……皆禽敌立胜，垂著篇籍"的评述，证明孙武的确在吴国曾"垂著篇籍"，有兵法传世。

但是，在承认孙武本人的述作者身份的同时，我们也不应否认有这种可能性：战国时人在传抄、整理《孙子》时，对其个别词句和段落有过补充。有学者考证，今本《孙子·用间篇》中"昔殷之兴也，伊挚在夏；周之兴也，吕牙在殷"一段文字，与全书"舍事而言理"的基本风格相悖，

① 参见黄朴民、徐勇：《试析〈孙子兵法〉与〈司马法〉在战争理论上的若干差异》，《天津师范大学学报》1993年第5期。

疑系后人窜入。[1]

这里需要特别指出的是，《孙子》一书除了带有以吴、楚、越为核心的南方军事文化的深深烙印之外，与齐文化也有着密不可分的关系。[2] 作为春秋时期齐国名将田书嫡传后人的孙武，从各个方面都与齐国有着千丝万缕的联系，其军事理论素养在相当程度上是滋润于齐国大地的。换言之，齐国悠久的军事文化传统对《孙子》的出现产生过巨大的影响，是孙武述作这部不朽兵学著作时主要的思想源泉之一。

另外，《孙子》之所以能在后世广为流传、发扬光大，受到兵家各学派的格外推崇，被奉为兵学经典，并且成为世界各国人民共同的精神文化财富，在很大程度上是因为它能够被幸运地保存下来。笔者认为，在越国灭吴之后，孙武的后学弟子将其兵法著作辗转带回故乡齐国并加以整理是完全可能的。对这样一部含有高深军事理论的兵法大作进行传授、讲解乃至整理、研究并非易事，需要有一批具备相当军事理论修养的人才才能胜任。齐威王在位时的齐国集中了许多这方面的人才，而且为了富国强兵大力发掘兵学遗产，齐威王不可能不对这部出自田氏学者之手、足以使齐国人自豪的军事著作感兴趣，他组织人力对其进行某些整理是顺理成章的。[3]

---

① 参见蓝永蔚：《〈孙子兵法〉时代特征考辨》，《中国社会科学》1987 年第 3 期。

② 参见黄朴民、徐勇：《试析〈孙子兵法〉与〈司马法〉在战争理论上的若干差异》，《天津师范大学学报》1993 年第 5 期。

③ 参见本书第二章第五节中的有关论述。

二、《孙子》的著录和流传

自司马迁《史记·孙子吴起列传》中记述："世俗所称师旅，皆道《孙子》十三篇。"以后历代的公私目录书中对其均有著录。

有学者考订，西汉时期曾进行过三次大规模的兵书整理工作，"一定都包括了最重要的《孙子》一书。尤其是第三次，它对于传世本《孙子》篇名、篇次的排定，内容的厘正，文字的校订，具有重要意义。这次校书之事，由刘向总其成。他曾为整理校订后的书作叙录……可以推断《叙录》是古代目录书中著录《孙子》的第一部"①。笔者赞同上述说法，同时有几个问题需要附带说明：第一，在上述兵书整理工作中，"总其成"的刘向固然作用最大，具体负责校订兵书的步兵校尉任宏同样也是功不可没的。第二，东汉末年曹操所注《孙子》，是流传至今最早的注释本，具有很高的研究价值，应予以特别的重视。第三，虽然自西汉以来《孙子》一书在历代均有著录，但是该书的正式定名则是后来的事了。

关于《孙子》一书的版本源流，大体上可以归纳为三大系统：

其一是《武经七书》本系统。北宋神宗元丰年间，《孙子》《吴子》《司马法》《六韬》《尉缭子》《黄石公三略》

① 参见黄朴民、赵海军：《孙子兵法集注》，岳麓书社1996年版，第6页。

《李卫公问对》被编在一起，作为武官必读的军事教材，从此这七部著名兵书就被称为《武经七书》。宋本的《武经七书·孙子》是最重要的《孙子》版本之一，原为陆氏皕宋楼藏书，后为日本岩崎氏购得，收藏在静嘉堂。今有《续古逸丛书》的影印本。自宋代至清初，《武经七书》本《孙子》始终居于绝对的主导地位，历代注疏《孙子》者多据此本。在注解、研究《武经七书》本《孙子》方面影响较大的著作有：金代施子美的《武经七书讲义·孙子》、明代刘寅的《武经七书直解·孙子直解》、明代赵本学的《孙子书校解引类》、明代黄献臣的《武经开宗·孙子》、清代朱墉的《武经七书汇解·孙子》等。

其二是“十一家注本”系统，即宋本《十一家注孙子》。最早著录于尤袤的《遂初堂书目》，《宋史·艺文志·子部》所著录的三种《孙子》集注本都属于这个系统。宋本《十一家注孙子》有上海图书馆藏本、1961 年中华书局影印本、北京图书馆藏本等。十一家注本系统是学术界公认的特点鲜明、最富实用的《孙子》版本，但在相当长的时期内，该系统的注本在社会上并没有广泛流行，远不如《武经七书》本系统影响大。直到清代孙星衍从《道藏》中抄出《孙子集注》并整理刊印，此后《孙子》的十一家注本系统才大行于世。

其三是汉简本系统，即指 1972 年在山东临沂银雀山汉墓中出土的竹简《吴孙子兵法》。据有关文物考古工作者推断，汉简本《孙子》陪葬的年代在西汉建元元年（前 140）至元狩五年（前 118）之间，从字体来看，其抄写年代当在秦到西汉文景时期。① 从时间上看，汉简本《孙子》比早期著录该书的《史记》、《叙录》和《汉书·艺文志》要早几十年至二百余年。汉简本的整理版本主要有文物出版社1975年出版的《银雀山汉墓竹简·孙子》和1985年出版的《银雀山汉墓竹简［壹］·孙子》，以后者为优。应附带提及的是，在青海大通上孙家寨还出土了一些《孙子》木简，也应归入汉简本系统。汉简本《孙子》与两大传本系统相比较，主要有这样几个特点：第一，可能更接近于孙武或其弟子后学手定的原本。第二，仅有篇名而没有书名大题。第三，部分篇名排列次序与传本有差别。第四，与《通典》《北堂书钞》《太平御览》等书的引文接近而与十一家注本差异明显。第五，残缺严重，不够完整。

今人在《孙子》的注释、研究方面取得了很大成绩，也出版了许多整理专著。其中以吴如嵩的《孙子兵法浅说》、杨炳安的《孙子会笺》、吴九龙主编的《孙子校释》、李零的《孙子兵法译注》、黄朴民与赵海军编校的《孙子兵法集注》等较有特点。

三、《孙子》的军事思想和历史地位

《孙子》一书的军事思想博大精妙，极为深刻，并且有很高的应用价值。本书限于篇幅，难以一一涉猎。古今许多学者都曾对此作过有益的探讨，间有妙得，可以参看。从

① 参见黄朴民、赵海军：《孙子兵法集注》，岳麓书社1996年版，第6页。

《孙子》对军事最重要的阐述上，笔者认为可以简要归纳为四个方面：

首先，在对待战争的认识上，《孙子》开宗明义地指出：“兵者，国之大事，死生之地，存亡之道，不可不察也。”① 表现出对战争问题的进步认识和慎重态度。在承认战争不可避免的同时，坚决反对发动无谓的战争，提出：“非利不动，非得不用，非危不战。”② “合于利而动，不合于利而止。”③ 一旦战争非打不可，也要做好准备，“安国全军”④。它指出：“无恃其不来，恃吾有以待也；无恃其不攻，恃吾有所不可攻也。”⑤ 这种“重战”“慎战”“备战”相结合的思想，是《孙子》在战争理论上的重大贡献之一。

其次，在军队建设的问题上，《孙子》也有较为全面的论述。例如，“将者，智、信、仁、勇、严也”⑥，就是对将帅品质的具体要求。对为将者应极力避免的五个方面，本书也有阐述：“将有五危：必死，可杀也；必生，可虏也；忿速，可侮也；廉洁，可辱也；爱民，可烦也。”⑦ 再如，“夫金鼓旌旗者，所以一民之耳目也。民既专一，则勇者不得独进，怯者不得独退，此用众之法也”⑧，“凡治众如治寡，分数是也；斗众如斗寡，形名是也”⑨ 等，都是对部队训练的经验总结。又如，“卒未亲附而罚之，则不服，不服则难用

---

①⑥ 《孙子·计篇》。
②④ 《孙子·火攻篇》。
③ 《孙子·九地篇》。
⑤⑦ 《孙子·九变篇》。
⑧ 《孙子·军争篇》。
⑨ 《孙子·势篇》。

也；卒已亲附而罚不行，则不可用也”①，是对军队法制建设的申明。

再次，在战略战术方面，《孙子》也提出了一系列精辟的见解，如“致人而不致于人”②，“以正合，以奇胜”③，“避实而击虚”④等，都给后人以诸多启迪。

最后，在特殊战法的运用方面，《孙子》进行了许多有益的探讨，其中对“火攻”和“用间”的阐述，发前人所未发，应当引起研究者的重视。

四、若干与《孙子》相关问题的考证

（一）某些作品评介或征引《孙子》时存在着误解

《孙子》在我国是一部家喻户晓的名著，与人们的日常生活有着十分密切的联系。不仅相关的学术著作对这部兵法大作颇多涉及，而且在许多教学用书及通俗读物中也经常有很多评介或征引。

我们特别注意到，其中有不少作品在引用《孙子》的原文时出现失真甚至谬误，而有些在对《孙子》一书进行介绍、评价时的提法也不够客观准确。由于这些作品往往对初学者特别是广大青少年学生具有较大的影响，对其中失真的引文和错误的提法，如果不及时予以澄清和厘正，必然会以讹传讹，形成误导。

---

① 《孙子·行军篇》。
②④ 《孙子·虚实篇》。
③ 《孙子·势篇》。

以某版中学历史教材《中国历史》（第1册）为例。该书引用《孙子》的话云："知己知彼，百战不殆。"① 其实此句为误引。经查，原话应为："知彼知己，百战不殆。"出自《孙子·谋攻篇》，先彼后己，意为：既了解敌人，又了解自己，百战都不会被动。"知彼"与"知己"是密切相关的递进关系，只有做到"知彼"，才能更好地"知己"，才能对己方的情况作出实事求是的正确认识。《孙子》原文的表述将"知彼"置于"知己"之前，表达了对两者关系的独到见解，叙述的层次不应颠倒。

该书又评介说："《孙子兵法》是我国古代著名的兵书，也是世界上最早的兵书。这部书是春秋晚期杰出军事家孙武写的。"②这段话中有两处重要的失误，第一处失误是把《孙子》说成是"世界上最早的兵书"，与史实不符。其实，在《孙子》成书之前，世界上已有不少兵书出现，仅从已知的中国兵书来看，在春秋中期以前就有《军政》及古者《司马兵法》等兵书出现。试想，如果没有经过相当一段时间的积累补充、丰富发展，又怎么可能形成像《孙子》这样成熟的兵书呢？应当说明的是，因为在《孙子》之前作成的兵书大都已经失传，保留下来的可能只有个别的篇章和零星的词句，所以从某种意义上，我们可以说《孙子》是我国现存最早的一部比较完整的兵书。第二处失误是把《孙子》简单地说成是孙武写的，不够准确，这一点本书前面已多有论及，此不赘述。

①② 《中国历史》（第1册），人民教育出版社1991年版。

（二）孙武的故里、墓址、族谱等问题争论激烈

其实，从严格意义上讲，孙武不一定能算作是纯粹的齐国军事人物，而孙武的故里、墓址、族谱等问题也不应是本书研究的重点，但是这些问题都或多或少地牵涉对《孙子》一书的评价和研究，这使得我们不能一概回避，置之不论。

近年以来，有关这几方面的论著、文章出人意料地急剧增多起来，其中除了对《孙子》研究的思路进一步拓宽、研究课题更趋于具体、细致的积极因素外，还往往有文化搭台、经济唱戏的微妙背景（当然情况各有不同，要具体情况具体分析），甚至还出现了拉名人以壮声势、借学术图谋其他的现象。如果进行研究的心态不正、目的不纯，其成果结论又怎能客观公允，以理服人？这不能不使真正的史学工作者深感忧虑。

1. 关于孙武的故里问题

自 1988 年以来，这个问题突然形成了热点，论争非常激烈。参加讨论的有从事先秦史研究、军事史研究、考古研究、历史地理研究以及新闻出版等方面的人士。在众多论著和数百篇文章中，各种观点互相辩驳、交锋，呈现彼此对立的态势。目前所见，最主要的有惠民说①、博兴说②、广饶

---

① 参见郭化若：《孙子今译·前言》，上海人民出版社 1977 年版；吴如嵩、陈秉才：《孙武故里考疑》，《孙子新探——中外学者论孙子》，解放军出版社 1990 年版；王丙臣：《孙武故里考析》，《孙子新探——中外学者论孙子》，解放军出版社 1990 年版；霍印章、吴如嵩：《孙子故里“惠民说”不可动摇》，《中国史研究》1991 年第 3 期等。

② 参见舒荣先、牛万政：《孙武里籍考辨》，《东岳论丛》1988 年第 6 期，又载《中国军事史论文集》，河南大学出版社 1989 年版。

说[①]、临淄说[②]、莒邑说[③]、大名说[④]、高唐说[⑤]等，其中尤以惠民说和广饶说影响最大。实事求是地看，由于所见文献及文物资料尚嫌不足，上述这些说法似乎还都仅仅是一家之言，难以完全驳倒其他观点而形成一致的认识。我们认为，目前正确的做法应当是，对此问题采用“模糊理论”，即在现有论据还不能得到最后确认，谁是谁非尚难以判定时，最好的选择就是暂时不作出最后的选择，放弃那些原地打圈圈的无谓争论，把精力转向其他相关领域的研究。与此同时，要不断地注意搜集新的资料，积极地寻找继续前进的突破点，一旦条件成熟了，再启动新的研究，得出新的结论。

2. 关于孙武的墓址问题

古籍中对孙武的墓址极少记述，只有《越绝书》中谈道：“巫门外大冢也，去县十里。”《后汉书·郡县志》引《皇览》云：“在吴县东门外。”明卢熊《苏州府志》引《吴地记》云：“在平门西北二里，吴俗传，其他名永昌。”后

---

① 参见周维衍：《孙武故里乐安在今广饶说》，《管子学刊》1991年第3期；周维衍：《孙武故里乐安在今“惠民说”殊难成立》，《中国史研究》1991年第3期；赵金炎：《论孙武故里在广饶》，《孙子学刊》1992年第1期；苏明政：《孙武祖书“食采于乐安”辨析》，《管子学刊》1991年第3期。

② 参见田昌五：《孙子里籍辨误》，《孙子学刊》1992年第3期；王景甫：《明确故里概念　洞察孙武故里》，中国民主促进会淄博市委员会网，2007年10月9日。

③ 参见刘蔚华：《孙武故里探源》，《管子学刊》1991年第3期。

④ 参见桂士辉：《春秋乐安地望考辨——兼论孙武、孙膑故里》，大名纵横网，2011年7月17日。

⑤ 参见盛瑞裕等注译：《十家注孙子兵法译注》，吉林文史出版社1995年版；黄秀文主编：《中国年谱辞典》，百家出版社1997年版。

世虽不乏寻访者，然而都没有找到，其墓址遂成难解之谜。只有清代学者孙星衍说他曾于嘉庆五年（1800）在雍仓发现一座疑为孙武冢的古墓，当地人称作“孙墩”①。但是，他的这一说法既不能够发掘证实，也未得到学界重视。此后再无人提及此事。直到1988年，才有人重提孙武墓之事，一篇署名为胡建新的油印稿《虎丘、剑池与孙武子之谜》考证，《越绝书》在谈到孙武墓址的同时，还记有：“巫门外冢者，阖庐冰室也。”说明两人葬得近；而孙武墓即为“大冢”，说明葬得厚。由此，他推测道：“孙武与阖庐两人不可分，正像‘龙虎’这个概念……虎丘是否是一个既‘藏龙’又‘卧虎’的地方？”并一步提出：“发掘虎丘，完全可以期望看到剑与简。因此，最终揭开孙武之谜的可能性也比发掘任何一座春秋古墓要大。”这篇文章观点很大胆，但因其根据不足，似乎并未产生多少影响。连作者本人也感到没有什么把握：“这样瞎讲，有附会过甚之嫌。”其谨慎的态度还是可取的。然而，几年以后，彭洪松《破译〈孙子〉之谜》②一文的发表，使事态又有了新的进展。该文十分肯定地认为，杭州大学文学博士褚良才已经“解开孙武墓葬之谜了”，其观点是：“吴县市陆墓镇孙墩浜南之大冢为孙子墓冢。”他转引褚良才所写文章《孙子其人其族其墓考论》中举出的证据归纳为这样几条：其一，在孙墩浜村“河畔见到几个长满参天古柏的大土堆，最大的土堆竟有两三亩大”。

---

① 参见徐志刚、李嘉球《孙武与吴县》的有关介绍，《孙子研究新论》，新华出版社1992年版。

② 彭洪松：《破译〈孙子〉之谜》，《今晚报》1996年10月5日。

“村中一位老人说：‘过去好像听说一个大土堆中埋有古代一名很会打仗的元帅，但名字记不得了。’”其二，“以巫门为圆心，依古制十里半径画一半圆，孙墩浜约距巫门4—5公里。而在这个半圆上，没有其他‘可疑’点”。其三，“从古音韵上考证。孙墩，即‘孙冢’”。这里新中国成立前有姓孙的，“但后来迁到苏州盘门外去了”。

此说突兀而起，而且言之凿凿，据报道已传到了日本学者服部千春那里，服部千春还因此赶去献花、鞠躬，这就使我们不能置之不理了。笔者仅据手边有限的材料，试对其上述“证据”略加辨析：

第一，该文所说的“大土堆”有几个之多，且历经数千年之久，难免不发生变化，如无文字记载及考古发掘为佐证，仅靠似是而非的口头传说，恐难以为凭。

第二，我们假定其所估算的距离和范围都没有误差（而真正做到这一点其实很难），“画半圆”的考证方法也并不十分科学，因为从事古史研究的人都懂得一个基本的定律，那就是言有易、言无难，现在在那个范围内没发现其他“可疑”点，并不等于能绝对排除这种可能性。况且从我们前面的介绍中可知，其他的“可疑”点还是可能存在的。

第三，天下姓孙的支系很多，不宜轻易把谁视为孙武的后人。“孙墩”颇为费解，就算是“孙冢”的意思，也不能直接和孙武墓画上等号。

总之，笔者认为对这个问题进行探索是可以的，上述几种观点均可作为一说，在吴县或其他地方进行纪念孙武的活动也无可厚非，但不应过早地下定论，更不应盲目地加以吹捧。至少上述彭文中所说的褚良才“为世界上争论了多年的孙子的身世和墓葬之谜画上一个圆满的句号”“确实无可置疑，许多有关孙武的疑点顿然冰释”“摘下了孙子研究史上的一颗明珠”“被公认为发现孙武墓的第一人”等，是不够严谨和有违事实的。

3. 关于孙武的族谱问题

这个问题在沉寂了多年以后，于20世纪90年代以后突然热闹起来。据笔者所知，1991年以来声称找到孙武族谱的主要有四处：

第一处是据刘谷《〈孙氏族谱〉及孙膑里籍》①、孙志一、孙作川《孙膑故里与〈孙氏族谱〉》②、姚衍春《〈孙氏族谱序〉及其他》③等文章报道，在山东的鄄城和郓城于1991～1992年相继发现了几部内容不尽相同的《孙氏族谱》，它们被用来作为论定孙膑故里的主要依据。而其中一篇谱序说："闻吾族姓，实孙武之裔。"这就与孙武直接挂上了钩。

第二处是据某些新闻媒体报道，1992年在江苏苏州有人宣称发现了孙武的族谱《家乘》。笔者为辨其真伪，当时曾先后托两位朋友前往调查联系。据友人函告，那本《家乘》藏于苏州南环新村一位离休老人孙乃钰的家中，但他不肯出示，并表明对外联系应通过一个名叫张维明的人。再进一步

① 刘谷：《〈孙氏族谱〉及孙膑里籍》，《孙膑研究》，山东大学出版社1992年版。

② 孙志一、孙作川：《孙膑故里与〈孙氏族谱〉》，《孙膑研究》，山东大学出版社1992年版。

③ 姚衍春：《〈孙氏族谱序〉及其他》，《孙膑研究》，山东大学出版社1992年版。

了解得知，张维明曾在苏州地方志办公室工作。当找到他时，他推托说该族谱无公开的必要，有价值的主要在它的序上。另外，他介绍："该序及他的考证将发表在《吴地文化研究》上。"而《家乘》的"发现经过见《姑苏晚报》"①。

第三处是在本书前面提到的那篇《破译〈孙子〉之谜》中："褚良才发现了几部孙氏宗谱。""1995 年底在吴县的横山岛发现了《甲山北湾孙氏宗谱》……上面明确记载孙武与孙膑并非祖孙关系，孙武是孙膑的曾祖父。"

第四处是孙政桥撰写的《孙膑是孙武第六代孙》② 一文，他介绍说："据国家图书馆（原北京图书馆）、上海图书馆的《江苏溧阳孙氏宗谱》和镇江市丹阳县《竹园孙氏宗谱》的查核，孙膑是孙武的第六代孙——武、明、顺、机、操、膑。据暨阳《石佛孙氏宗谱》武生三子，即弛、明、敌……有人说膑是明之子，这显然是不可能，经过几代辗转，父祖鄄地落户，这是比较客观的。"

上述这四处来源中新发现或新被提及的众多"孙氏族谱""孙氏宗谱"，虽然谁真谁伪不能最后定论，但至少不可能都是真的，它们之中即使有最为可靠的一种，但对于解开孙武的身世、族系之谜有多少直接的价值，实存在着颇多的疑问。我们从目前所能了解到的情况判断，这些所谓的新发现要作为历史资料来对待和使用，似乎缺乏必不可少的有力证据和传承有序的可靠线索，尚难以令人完全信服。因此

---

① 上述均为友人信中引用张维明的原话。需要说明的是，我们至今也没能见到上述研究"成果"。笔者认为，即使有朝一日见到了，能在多大程度上说明问题也是值得商讨的。

② 参见杨炳安：《孙子会笺》，中州古籍出版社 1986 年版。

笔者认为，除非提出新的过硬的证据，否则在《孙子》研究中暂时不宜使用这些资料。

（三）《孙子》的版本及真伪之争

由于刘向《叙录》及其子刘歆所著《七略》现在均已亡佚，其中著录的《孙子》究竟是多少篇不得而知，而在《汉书·艺文志》中则记载："《吴孙子兵法》八十二篇、图九卷。"那么，孙武所述的兵法著作究竟是《史记》中记载的"十三篇"，还是《汉书》中记载的"八十二篇"，古今学者多有争议。笔者基本赞同这样的说法：即孙武当时所述的兵法应为十三篇、五千余字。今见传世本大体保存了其原貌，近年出版的许多学者的研究专著中已有详细考论，可以参看。①

这里需要说明的是，《汉书·艺文志》的"八十二篇"似乎也并非无稽之说。在银雀山出土的竹书《孙子》中，除了与今本《孙子》相符的十三篇之外，又有《吴问》《四变》《黄帝伐赤帝》《地形二》《见吴王》等佚文，其中或者有"孙子曰"的字样，或者有孙武与吴王问答的内容，似为孙武的弟子、后学对其思想言论所作的记录和注解，这些作品同孙武本人的兵法著作一起流传至汉代，极有可能被收入到"八十二篇"之中。

另外，1996年以后，有人写文章称，在陕西西安发现了"《孙武兵法》82篇"，且"它是根据周书汉简工工整整书理

① 徐勇主编：《先秦兵书通解》，天津人民出版社2002年版。

在宣纸上的隶书体兵书全文，共计 141709 个字”[①]。此文一出，反响甚大。已有许多学者撰文，举出十几条有力的证据，对此进行批驳和辨析。[②] 经过一段时间论战后，目前学术界已基本上形成了一致的看法：所谓的“《孙武兵法》82 篇”纯属伪造。与本书前面谈及的其他问题性质不同的是，对《孙子》全书内容公然造伪，甚至把伪品编入《孙武子全书》公开出版，对《孙子》研究形成的误导最为严重，其对广大读者的欺骗和在学术圈内产生的恶劣影响，都是不容低估的。这里要特别指出的是，作为文化工作者，不应忘记自己的责任，轻率地利用传媒推波助澜、哗众取宠，是极为不妥的。

---

① 参见《收藏》1996 年第 10 期杨才玉的文章。

② 参见中国孙子兵法研究会、《历史教学》编辑部编：《真与假的较量——“〈孙武兵法〉八十二篇”风波大透视》，天津古籍出版社 1998 年版。

第三节 《司马法》及其军事思想

一、《司马法》的作成与流传

（一）《司马法》的成书和述作者

《司马法》不仅是先秦齐国兵书的代表作之一，而且在整个中国古代历史中也是一部极为重要的兵家著作。关于《司马法》的成书和述作者，最早进行记载的是太史公司马迁。他先是在《史记·司马穰苴列传》中说："齐威王使大夫追论古者《司马兵法》，而附穰苴于其中，因号曰《司马穰苴兵法》。"接着又在《史记·太史公自序》中提出："《司马法》所从来尚矣，太公、孙、吴、王子能绍而明之……自古王者而有《司马法》，穰苴能申明之。"

司马迁的这些记述，为后人研究《司马法》的时代特征提供了重要线索。但由于语焉不详，表述得不是很清楚，也给后人的研究工作造成了一些困难，致使学者们对《司马法》的成书和述作者产生了诸多分歧。我们也曾对此作过一些初步的考证工作①，在此基础上，笔者认为至少可以提出如下几点认识。

第一，早在春秋时期以前，就存在着被称为“古者《司马兵法》”的军事典籍，其性质可能同《左传》《孙子》等书中所提到或引用的《军志》《军政》《令典》诸书接近，这从其他先秦文献资料中也能得到印证。《周礼·夏官司马·司兵》云：“及授兵，从司马之法以颁之。”这就是说早在春秋以前，很可能已有供武官学习或必须遵循的法典、兵法一类的典籍，就叫做“司马法”或“司马兵法”。清人张澍曾对此考辨说：

> 按《孙子注》云《司马法》者，周大司马之法也。周武既平殷乱，封太公于齐，故其法传于齐……是古者即有《司马法》，非穰苴始作，亦威王时附《穰苴兵法》于《司马法》中，非附《司马法》于《穰苴兵法》中也，《周礼疏》误矣……考《周官·县师》将有军旅田役会同之戒，则受法于司马以作其众庶，小司马掌事如大司马之法，司马授兵，从司马之法以颁之，此《司马法》即周之政典也。②

近人余嘉锡也认为：

> 盖《司马法》为古者军礼之一，不始于齐威王之大夫，并不始于穰苴。穰苴之兵法，盖特就《司马法》而

① 参见黄朴民、徐勇：《〈司马法〉考论》，《管子学刊》1992年第4期。

② 《养素堂文集》卷三《司马法序》。

申明之，而非其所创作，其后因附入《司马法》之中。古书随时增益，不出于一人之手。类皆如此。至于齐威王使大夫追论，疑不过汇辑论次之，如任宏之校兵书而已。①

笔者认为，虽然他们的某些观点可能有偏颇，但考证细致、深入，毕竟可以使人得到很多启发。

第二，司马穰苴是春秋中后期齐景公在位时重要的军事家②，他对古本《司马兵法》有过深入的研究和论述，是一位能够“申明”古者《司马兵法》的人。这应该就是后来齐威王的大夫们在追论古者《司马兵法》时，要“附穰苴于其中”③，并“号曰《司马穰苴兵法》”④的原因。从这个意义上来讲，司马穰苴的有关论述也是今本《司马法》主体内容及军事思想的来源之一。但需要指出的是，司马穰苴在“申明”古者《司马兵法》方面的作用不宜过分夸大，那种认为“穰苴是唯一能够申明古者《司马兵法》的人”⑤ 的观点显然是值得商榷的。因为能够“申明”古者《司马兵法》的并不仅仅是司马穰苴一人，对此司马迁早就说得很明确：“太公、孙、吴、王子能绍而明之。”而那种将《司马法》一书的作者简单地冠以司马穰苴之名的做法，也是很不妥当的。其实，司马迁在写《史记》时，就已对司马穰苴的撰著

① 余嘉锡：《四库提要辨证》。

② 有人曾据《战国策·齐六·齐负郭之民有狐咺者》中的一条记载，怀疑司马穰苴系战国后期齐湣王时人。我们认为这种看法缺乏有力的证据，参见本书第二章第四节有关考辨。

③④ 《史记·司马穰苴列传》。

⑤ 蓝永蔚：《〈司马法〉书考》，《安徽大学学报》1978年第3期。

者身份表示过怀疑："若夫穰苴，区区为小国行师，何暇及《司马兵法》之揖让乎?"① 我们认为，《四库全书总目提要》判定"《隋》《唐》诸志，皆以为穰苴之所自撰者"之成说为"非也"的观点，是很有道理的。

第三，《司马法》在长期的流传过程中，时有增删散佚。至战国中期，一般人对该书已比较陌生和隔膜了，所以齐威王才"使大夫追论古者《司马兵法》"，从而使得"自古王者《司马兵法》"得以在一定程度上恢复和保持基本原貌，并使其书最主要的内容和核心精神未被历史的风尘所湮没。客观地说，齐威王及其手下的大夫们为保存古代齐国的优秀军事文化传统做出了重要的贡献。同时我们也应当看到，现存的《司马法》既系战国中期时人们整理成书，那么书中自然带有一定成分的战国时代色彩，但这并不足以抹煞全书中保留有相当部分的"三代"精神特征和春秋军事思想。

总之，早在春秋时期以前，《司马法》的原型"古者《司马兵法》"作为重要的军事典籍就已存在，而《司马法》一书在形式上辑次成书，最终确定于战国中期的齐威王时代。因此，我们认为《司马法》可以被称之为一部综述古今的混合型兵书，其基本内容则是由三个部分组成：(1) 古代"王者《司马兵法》"，即春秋时期以前供武官学习或遵循的法典类兵学典籍。(2) 春秋中后期齐国著名军事家司马穰苴的兵学观点以及他对古代"王者《司马兵法》"的诠释。(3) 战国中期齐威王统治时的稷下大夫们在追论"古者《司马兵法》"时，根据战国时代军事思想的发展和新的战

---

① 《史记·司马穰苴列传》。

争特点加入的某些兵家语言。①

（二）《司马法》的著录和流传

经过秦始皇焚书的浩劫，《司马法》得以幸存并在汉代以后广为流传，要归功于河间献王。② 在现在已佚的刘歆《七略》中，《司马法》被著录在《兵书略》，而在《汉书·艺文志》中，则发生了引人注目的变化，在《兵书略》“权谋”类下注有“出《司马法》入礼也”的字样，而在《六艺略》“礼”类下则注明：“入《司马法》一家，百五十五篇。”在后来的《隋书·经籍志》《旧唐书·经籍志》《新唐书·艺文志》《宋史·艺文志》等各史书，以及晁公武的《郡斋读书志》、陈振孙的《直斋书录解题》等私家目录书中，均将其书列入子部“兵家”类中。

---

① 我们至少可以举出一个典型例证来支持上述观点。《周礼·地官司徒·小司徒》注引《司马法》佚文说：“革车一乘，士十人，徒二十人。”而《左传·成公元年》服虔注、《礼记·坊记》之《疏》并引《司马法》佚文则说：“长毂一乘，马四匹，牛十二头，甲士三人，步卒七十二人，戈楯具备，谓之乘马。”同是来源于《司马法》一书中的材料，对于每乘战车配备甲兵、步卒的人数，竟有“三十人制”和“七十五人制”两种截然不同的记载，这是引起历代学者争议的一个重要问题。基于我们对《司马法》是由不同时期内容组成的混合型兵书的认识，对此问题似乎应作这样的解释：除去某些诸侯国可能存在特例外，西周及春秋前期各诸侯国采取的作战编制一般是，每乘战车为30人，其中甲士10人，徒兵20人；到了春秋中后期，则一般每乘战车为75人，其中甲士仅3人，而徒兵增加到72人。齐国的情况也大抵如此。这主要是因为，春秋中期以后“野人”服兵役的人数大量增多，徒兵在战争中的作用也加强了。

② 据《隋书·经籍志》记载，古本《司马兵法》是河间献王所得。

《司马法》在汉代以后的流传过程中，篇目也出现了重要的变化，至唐初《隋书·经籍志》成书时，仅存3卷，此后基本定型，这就是我们今天所能见到的今本3卷5篇《司马法》。汉唐之间，《司马法》由原来的155篇减为5篇，变化如此之大，不能不引起后人颇多猜测。有人提出："这可能和古书由简策递变为雕印书籍所引起的名称不同有关，但仍不能排除亡佚情况严重的可能。"① 有人则怀疑："今本《司马法》三卷五篇，很可能就是隋以来的删节本。"② 笔者认为，上述几种可能性虽然都不能排除，但从今本的内容来分析，其书在流传过程中出现过严重散佚应该是确定无疑的。

除了今本《司马法》中所保存的《仁本》《天子之义》《定爵》《严位》《用众》五篇外，尚有一定数量的《司马法》佚文流传下来，主要散见于《北堂书钞》《太平御览》《通典》《文选》《群书治要》等类书和政书之中。清代学者进行了大量卓有成效的辑佚工作，张澍、钱熙祚、黄以周、王仁俊等人曾从各种古书的引文及注疏中辑得《司马法》佚文约60余条，共1600多字，分别收入在《二酉堂丛书》《指海》《玉函山房辑佚书续编》等书中。近年来有些学者在清人辑本的基础上又做了一些补充、订正工作，并取得了新的进展。③ 这些佚文对于了解《司马法》原书的全貌，研究先秦时代齐国的军事制度和军事思想，同样具有十分重要

① 田旭东：《司马法浅说》，解放军出版社1989年版。

② 李零译注：《司马法译注》，河北人民出版社1992年版。

③ 参见田旭东《司马法浅说》、李零《司马法译注》、黄朴民《兵书观止·司马法逸文》、王晓卫《司马法通解》等的考订。

的参考价值。

《司马法》虽然散佚严重，但该书自西汉时起，几乎一直受到当朝政府的重视。汉武帝时“置尚武之官，以《司马法》选任，秩比博士”①。东汉以来，马融、郑玄、曹操、许慎、杜预、贾公彦、杜佑、杜牧等著名的经学家、史学家、文学家、军事家，都曾把《司马法》作为重要的文献资料加以征引，用以考证上古军制，并且引为自己讨论军事问题的立论依据。到北宋神宗元丰年间，《司马法》虽已成残本，仍同《孙子》《吴子》《六韬》《尉缭子》《黄石公三略》《李卫公问对》一起被列为《武经七书》，颁行于武学，成为将校们必读的兵书之一。金代施子美的《武经七书讲义》和明代刘寅的《武经七书直解》中所收的《司马法》注释，是现存最早的对该书完整的注释。明清时代，为《司马法》作注者30余家，版本60余种。

所有这些情况表明，《司马法》一书虽然历经坎坷，但长期以来始终享有军事学权威著作的声誉，在历史上占有极其重要的地位。

作为我国古代优秀兵学著作的代表作之一，《司马法》在世界上也产生了较大的影响。早在18世纪，日本就已有多种版本的《司马法》的注文出现，在法国也有该书的译本出版。随着中外文化交流的发展，《司马法》一书已经陆续被译成多国文字，蜚声海外，广为流传。

① 荀悦：《申鉴·时事》。

二、《司马法》的军事思想和历史地位

（一）《司马法》的主要内容及军事思想

1. “以仁为本”“以义治之”的战争观

在战争问题上，《司马法》明确提出：“古者以仁为本，以义治之之谓正。”① 但是它没有仅仅停留在这一认识上，而是进一步肯定了战争的不可避免和必要性：“正不获意则权，权出于战，不出于中人。”②《司马法》能够根据具体情况，将战争划分为正义和非正义两大类，指出正义战争的目的是“讨不义”“诛有罪”，对这类战争应持肯定和支持的态度。从这一基本立场出发，《司马法》提出：“杀人安人，杀之可也；攻其国，爱其民，攻之可也；以战止战，虽战可也。”③我们认为，《司马法》这种既立足于“仁”“义”，致力于避免战争，又正视战争存在的客观实际，肯定正义战争的态度，是难能可贵的，反映出该书在战争问题上的辩证认识和理论深度。

2. 慎战与备战并重的国防思想

一味好战，到头来必定会自食苦果、走向失败，但是苟且偷安、懈怠战备将同样导致丧师辱国、葬送社稷。因此，如何处理好慎战与备战的关系，而不致偏执一端，对于建设国防具有重大的意义。《司马法》对此问题作了十分精彩的回答：“故国虽大，好战必亡；天下虽安，忘战必危。”④

①②③④ 《司马法·仁本》。

3. 把握军队自身特点的治军思想

《司马法》中有一句名言："国容不入军，军容不入国。"[①] 围绕着这一认识，该书在把握军队建设自身特点的基础之上建立了一整套治军思想。其主要特点就是，严格区分治军与治国两者之间的差异，指出："军容入国则民德废，国容入军则民德弱。"[②]因此，治国的一套方法不能用于治理军队，而治军的一套方法同样不适用于治理国家。

4. "相为轻重"的用兵方略

《司马法》认为，战争就是敌对双方互相之间如何使用兵力的较量："故战相为轻重。"[③] 军事指挥家一定要"筹以轻重"[④]。在具体的用兵方面，它强调要遵循在作战中正确使用兵力的原则："凡战，以轻行轻则危，以重行重则无功，以轻行重则败，以重行轻则战。"[⑤]这实际上就是集中兵力，以强击弱。《司马法》同时还提出，即使以优势兵力对付劣势之敌，也不能一次性投入全部兵力："重进勿尽，几尽危。"[⑥]而应留有预备部队，机动应敌。

5. "智""勇""巧"三者结合的作战思想

对于战争中的指挥者，《司马法》提出了"智""勇""巧"三者有机结合的作战思想：

> 凡战，智也；斗，勇也；陈，巧也。用其所欲，行其所能，废其不欲不能。[⑦]

---

①② 《司马法·天子之义》。
③④⑤⑥ 《司马法·严位》。
⑦ 《司马法·定爵》。

同时主张随机应变，因敌制胜：“舍谨甲兵，行慎行列，战谨进止。”① “因欲而事，蹈敌制地。”② 它还强调示形动敌，观察敌情，掌握全局，从容应对，即“众寡以观其变，进退以观其固，危而观其惧，静而观其怠，动而观其疑，袭而观其治”③。《司马法》的这些作战思想，在今天看来，仍有其合理的军事学术意义。

6. 以“六德”为核心的军事教育思想

《司马法》十分重视军事教育的作用，认为：“士不先教，不可用也。”④ 在教育内容上，它主张简明扼要：“教极省。”⑤并提倡以“六德”即礼、仁、信、义、勇、智为核心来教育和培养军队：“六德以时合教。”⑥ 《司马法》还要求将帅能以身作则，身先士卒：“敬则慊，率则服。”⑦同时应该做到德才兼备、智勇双全，在遇到危难的时候，将帅必须“无忘其众”⑧，荣辱与共。

7. 改良武器装备的有关论述

《司马法》对制作精良的武器装备在军队建设中的地位和作用非常重视，认为军队“以甲固，以兵胜”⑨，“甲以重固，兵以轻胜”⑩。指出如果注意改良武器装备，往往可以使己方的实力由弱转强：“凡马车坚，甲兵利，轻乃重。”⑪ 它特别强调当发现敌人使用新式兵器时，应该尽快仿效研制，以保证齐国军队与敌人在武器装备方面至少达到平衡：

---

①⑦⑨⑩⑪ 《司马法·严位》。

②⑧ 《司马法·定爵》。

③ 《司马法·用众》。

④⑤ 《司马法·天子之义》。

⑥ 《司马法·仁本》。

"见物与侔，是谓两之。"① 对于在作战中如何适宜地配置各种兵器，《司马法》中也有详细阐述："兵不杂则不利，长兵以卫，短兵以守。太长则难犯，太短则不及；太轻则锐，锐则易乱；太重则钝，钝则不济。"② 指出各类兵器都有其不同的功用，不可替代。"凡五兵五当，长以卫短，短以救长。迭战则久，皆战则强。"③《司马法》关于改良武器装备的这些论述，为先秦其他兵书中所少见，是值得后人借鉴的。

8. 丰富多彩的古军礼内容

在《司马法》中，包含有数量可观的古军礼内容，大体上可分为军赋、军制、出师、旌旗、鼓、徽章、誓师、校阅、献捷、军中禁令、军威、赏罚等。这些可以说是我们所见较为系统的早期军礼（法）内容，它为后世军队法律条令的建构和完善奠定了基础，具有深远的影响。

（二）《司马法》的学术价值和历史地位

我们认为，只有将《司马法》放置到整个古代兵学发展的历史大背景中加以深入的考察，才能真正揭示其书的重大学术价值，把握其书的特殊地位与历史意义。

如果将《司马法》与《左传》《国语》《周礼》等先秦典籍互相参照印证，那么我们似乎可以得出这样的结论：《司马法》中所涉及的军礼内容、作战方式、军事制度以及战争观念等，往往具有较大的时间跨度，为我们全面了解、

---

①③ 《司马法·定爵》。

② 《司马法·天子之义》。

准确把握我国古代战争、军事思想特别是齐国军事文化发展历史的嬗递轨迹提供了必要的依据。这种现象的出现与该书作成及流传的特殊经历有关，而最为珍贵的是原“古者《司马兵法》”所保留的部分春秋中期以前的内容，其中体现的重要军事学术价值尤应加以重点阐述。

第一，在战争观念上，“古者《司马兵法》”反映了早期的历史特征。它认为，如果不得已而发动战争，就必须在军事行动中贯彻“礼”“仁”一类的原则，即所谓的“以礼为固，以仁为胜”①。而《左传·文公十二年》所说的“不待期而薄人于险，无勇也”也是本宗“礼”“仁”的意思。因为征伐要归宗于“礼”“仁”，所以“不加丧，不因凶”②成为展开对敌军事行动的先决条件之一。根据有关史书，可知《司马法》这一主张并非无据，而是于史可征的古“军礼”原则。《左传·襄公四年》载：“三月，陈成公卒，楚人将伐陈，闻丧乃止。”又《左传·襄公十九年》载：“晋士匄帅师侵齐，至谷，闻齐侯卒，乃还。”

第二，在战争目的上，古“军礼”所主张的是征讨不义。《左传·庄公二十三年》云：“征伐以讨其不然。”《国语·周语上》说：“伐不祀，征不享。”《左传·成公十五年》曰：“凡君不道于其民，诸侯讨而执之。”讲的都是这个意思。这在“古者《司马兵法》”那里，便是主张“兴甲兵以讨不义”③。更具体说，只有当对方犯有“凭弱犯寡”“贼贤害民”“暴内凌外”“野荒民散”“负固不服”“贼杀

① 《司马法·天子之义》。

②③ 《司马法·仁本》。

其亲”“放弑其君”“犯令陵政”“外内乱、禽兽行”这九种严重罪过时，才可以兴师征讨：“会之以发禁者九。”而《周礼·夏官司马·大司马》中有关正邦国的“九伐之法”，所叙内容与“古者《司马兵法》”完全相同。

第三，在战场规定方面，在“古者《司马兵法》”中有非常具体的反映，且经得起历史史实和有关文献记载的考证。《司马法》云：“成列而鼓，是以明其信也。”① 宋襄公则曰：“古之为军也，不以阻隘也，寡人虽亡国之余，不鼓不成列。”②《司马法》又云：“不穷不能而哀怜伤病，是以明其仁也。”③ “见其老幼，奉归勿伤；虽遇壮者，不校勿敌；敌若伤之，医药归之。”④在宋襄公那里，则是“君子不重伤，不禽二毛”⑤。我们认为，这不能简单地断定为《司马法》或宋襄公“迂远而阔于事情”，而恰恰应视为他们对古代军礼的遵守。因为《谷梁传·隐公五年》中就曾有“战不逐奔，诛不填服”的说法。尽管有些论调在今天看来非常迂腐可笑，但这些现象和理论毕竟是历史上业已存在过的，是我们了解古代战争逻辑演进轨迹的重要依据。

第四，在处理战后事宜方面，“古者《司马兵法》”认为，在“既诛有罪”⑥、完成了战争使命之后，下一步应该是“王及诸侯修正其国，举贤立明，正复厥职”⑦。其实，这也不是它的发明，而仅仅是对古军礼中有关战争善后原则的具体遵守而已。参之于史，信而有征。公元前529年，楚“平王即位，既封陈、蔡，而皆复之，礼也。隐大子之子庐，

---

①③④⑥⑦ 《司马法·仁本》。

②⑤ 《左传·僖公二十二年》。

归于蔡，礼也。悼大子之子吴，归于陈，礼也”[1]。这段史料可以看作是对《司马法》上述一段话的有力注脚。孔夫子所谓“兴灭国，继绝世，举逸民”[2] 的真切含义，也终于可以凭借“古者《司马兵法》”之言而昭白于今了。

第五，在军事训练方面，“古者《司马兵法》”所描述的内容和方式，不外乎“春蒐秋狝”[3]、“诸侯春振旅，秋治兵”[4]诸项。这正与《左传》《国语》《周礼·夏官司马·大司马》等古籍的记载相一致。《左传·隐公五年》有云：“春蒐，夏苗，秋狝，冬狩，皆于农隙以讲事也。三年而治兵，入而振旅，归而饮至，以数军实。”《国语·齐语》亦云：“春以蒐振旅，秋以狝治兵。”春秋中期以前的这种军事训练和演习，通常在农闲时以田猎的方式进行。而到了战国时代，上述军事训练方式被以“一”教“十”、以“十”教“百”的新式训练法所取代。《吴子·治兵》云：“用兵之法，教戒为先。一人学战，教成十人。十人学战，教成百人。百人学战，教成千人。千人学战，教成万人。万人学战，教成三军。”在《六韬·犬韬·教战》和《尉缭子·勒卒令》中也有类似的论述。这种新的训练不再与“田猎”相结合，而成为一种经常性的制度了。它恰好从反面证明，“古者《司马兵法》”所述的军事训练方式具有早期原始特征。

第六，在兴师程序问题上，“古者《司马兵法》”有很

---

① 《左传·昭公十三年》。
② 《论语·尧曰》。
③④ 《司马法·仁本》。

具体的描绘："其有失命、乱常、背德、逆天之时，而危有功之君，遍告于诸侯，彰明有罪。乃告于皇天上帝、日月星辰，祷于后土、四海神祇、山川冢社。乃造于先王，然后冢宰征师于诸侯曰：'某国为不道，征之。以某年月日，师至于某国，会天子，正刑。'"① 它的真实性也可以通过有关史书得到印证。《周礼·春官宗伯·大祝》郑玄注有一段文字除个别处外，与上述"古者《司马兵法》"的话基本一致。在可能晚出的《礼记·王制》中，也有"天子将出征……受命于祖，受成于学"的说法。这表明，春秋以前的兴师程序已为先秦典籍所普遍记载。

第七，在战场纪律方面，"古者《司马兵法》"的有关论述体现了早期军事活动的特色："入罪人之地，无暴神祇，无行田猎，无毁土功，无燔墙屋，无伐林木，无取六畜、禾黍、器械。"②这与其他古文献的有关记载非常接近。《尚书·费誓》即云："无敢伤牿。牿之伤，汝则有常刑。马牛其风，臣妾逋逃，无敢越逐，祇复之，我商赉汝。乃越逐不复，汝则有常刑。无敢寇攘，逾垣墙，窃马牛，诱臣妾，汝则有常刑。"而战国时期的情况则有很大变化，在一般公认写成于战国时代的《墨子·非攻》中记述："今王公大人、天下之诸侯则不然，将必皆差论其爪牙之士，皆列其舟车之卒伍，于此为坚甲利兵，以往攻伐无罪之国。入其国家边境，芟刈其禾稼，斩其树木，堕其城郭，以湮其沟池，攘杀其牲牷，燔溃其祖庙，刭杀其万民，覆其老弱，迁其重器。"战国兵书《尉缭子·武议》也谴责了作战中"杀人之父兄，利人

①② 《司马法·仁本》。

之货财，臣妾人之子女”的强盗行为。这种残酷的战争场景与上述“古者《司马兵法》”的文字相较，实在是有霄壤之别。

通过以上若干方面的考察，我们可以发现，《司马法》一书的重要性并不仅仅由于它在历史上的地位和荣誉，更重要的价值在于，它所保存的部分内容反映了春秋中期以前有关军事制度以及军事思想的概貌和特点，从而使我们能够通过该书梳理抉剔古代特别是先秦齐国军事思想逻辑发展的基本脉络和主要环节。

综上所述，《司马法》以其珍贵的学术价值和丰富的军事思想，曾经产生过较大的影响，在我国古代特别是先秦齐国的军事发展史上理应占有特殊的重要地位，无愧为中华民族优秀军事文化宝库中的璀璨瑰宝。我们认为，司马迁《史记·司马穰苴列传》中对该书由衷的赞誉“闳廓深远，虽三代征伐，未能竟其义，如其文也”，即使以今天的角度来看，也是丝毫不过分的。

第四节 《六韬》及其军事思想

一、《六韬》的成书时代和述作者

（一）《六韬》的成书时代辨析

《六韬》是著名的《武经七书》之一，也是我国古代兵书中内容最丰富、价值非常大的一部。今天我们所能见到的《六韬》，共包括有《文韬》《武韬》《龙韬》《虎韬》《豹韬》《犬韬》6卷60篇。

《六韬》的成书时代和述作者是彼此密切相关的两个问题，长期以来一直是学术界的一大疑案。撰文探讨者虽多，然而至今仍未形成一致的看法，众说纷纭。笔者试在前人研究的基础上略加分析，陈述己见。

《六韬》旧题为姜太公所著①，并且自始至终是以姜太

① 《隋书·经籍志》著录《六韬》时曰“周文王师姜望撰”。

公与周文王、周武王问答的形式写成。近年来学术界仍有少数人坚持认为："在人们能依确凿之证据找出其作者之前，还是应当记在姜太公的名下的。"① 征之史书记载，姜太公辅佐周文王、周武王，在与殷商政权进行的斗争中的确贡献过许多正确的战略决策，"天下三分，其二归周者，太公之谋计居多"②。在他亲自指挥的牧野决战中，周军以少胜多，消灭了商纣军队的主力，商王朝由此灭亡。姜太公既是"其事多兵权与奇计"③的杰出军事思想家，又是西周王朝的开国功臣和齐国政权的创建者，对于军事理论（尤其是战略方面的）问题，的确应有不少言论谈及并被后世之言兵者所推崇。但是，就内容来看，今本《六韬》一书似乎不可能是商周之际成书的作品，书中春秋战国之后的时代痕迹很多。因此，目前学术界大多数人已经摒弃了《六韬》为姜太公所亲作的看法。

还有一种我们认为也失之于偏颇的看法，即认为《六韬》在汉代以前并不存在，是魏晋以后的人假托姜太公之名伪作的。因为《六韬》的书名在《隋书·经籍志》"兵家"类中始见著录，而在《汉书·艺文志》"兵家"类中没有，仅在"儒家"类中著录有"周史《六弢》六篇"，两者究竟是不是同一种书？这是问题的关键所在。唐代学者颜师古在《汉书·艺文志》注中认为："即今之《六韬》也，盖言取天下及军旅之事。弢字与韬同也。"后代学者一般都援引颜师古的说法。而且，我们从有关古籍的记载也可以看出，自

① 谢祥皓：《略谈古代齐国的军事思想》（上），《管子学刊》1988 年第 2 期。

②③ 《史记·齐太公世家》。

汉代以来，《六韬》一书一直流传，并无另外的名叫《六弢》的书同时存在。例如，《后汉书·何进传》载："大将军司马许凉、假司马伍宕说进曰：'太公《六韬》有天子将兵事，可以威厌四方。'"《后汉书·徐璆传》注和《后汉书·左雄传》注并引谢承书曰："淑，字伯进，善诵太公《六韬》。"《三国志·蜀志·先主传》注引刘备遗诏："闲暇历观诸子及《六韬》《商君书》，益人意智。"高诱《淮南子》注亦云："《金縢》《豹韬》，周公、太公阴谋图王之书也。"虽然也有人曾怀疑颜师古注解的正确性，如沈涛《铜熨斗斋随笔》认为，"案今《六韬》乃文王、武王问太公兵战之事，而此列之儒家，则非今之《六韬》也。六乃大字之误"，但我们从上引各种史料可以看出，颜氏的说法不宜轻易否定。余嘉锡在《四库提要辨证》中指出："是则《六韬》之书，已盛行于后汉，不始于三国。"无疑是正确的。

还有一点需要说明的是，除周史《六弢》外，《汉书·艺文志》中另外载有名为《太公》的书，在"兵家"类下注有"省《伊尹》《太公》"；在"道家"类则著录："《太公》二百三十七篇。《谋》八十一篇、《言》七十一篇、《兵》八十五篇。"班固自注云："吕望为周师尚父，本有道者。或有近世又以为太公术者所增加也。"那么，它们与今本《六韬》之间又是什么关系呢？学术界也有种种猜测，分歧很大。1972 年在山东临沂银雀山汉墓中出土了未署《六韬》之名而内容与今本《六韬》基本一致的竹简；1973 年在河北定县汉墓中又出土了一批被称为《太公》的竹简，其内容有的同今本《六韬》一致，有的则超出了今本《六韬》。这两处重要的考古发现为我们解决疑难带来了希望。

一是印证了《六韬》一书在汉代以前就已存在的事实，只是当时未被称作《六韬》，这个书名是后来才有的。二是证明了除原《六弢》外，今本《六韬》中还保存了《太公》的某些内容。三是进而使我们推测，古书中著录的《六弢》和《太公》实际上是内容接近、来自于同一本源的兵家著作（只是因名称不同和被班固分列在两处，才引起了后人的误解）。它们似乎共有243篇，汉代以来已有严重散佚，至宋代《武经七书》本出现时又有重要删改。今本《六韬》仅有60篇之数，又不包括见诸汉简及其他古籍中引录的许多内容，这其中除了宋代《武经七书》编者可能人为删改的因素外，实际上它在汉代就已有了微妙的变化。我们认为，《六韬》一书可能是原《六弢》和《太公》各篇残本的合编本，而其书名应该就是由《六弢》演变而来，故而后人常常称之为“太公《六韬》”。至于为什么本是同一来源的兵家著作，在《汉书·艺文志》中没有被列在“兵家”，而是被分别列在“道家”和“儒家”，并不足为怪。先秦兵家著作在《汉书·艺文志》中被分割开来列在其他各家的并不少见。比如：同是来源于吴起的著作，被列在“兵权谋家”类的有《吴起》48篇，被列在“杂家”类的有《吴子》1篇；同是来源于伍子胥的著作，被列在“杂家”类的有《伍子胥》8篇，被列在“兵技巧家”类的有《伍子胥》10篇、图10卷；同是来源于商鞅的著作，被列在“法家”类的有《商君》29篇，被列在“兵权谋家”类的有《公孙鞅》27篇；同是来源于尉缭的著作，被列在“杂家”类的有《尉缭》29篇，被列在“兵形势家”类的有《尉缭》31篇。另外，著名的齐国兵书《司马法》也被列在了《六艺略》

"礼"类。所有这些现象只能说明班固等著录者对古籍分类主观理解上的差异（笔者认为这可能与当时的社会思潮的影响有关），而不能说明这些古籍自身的内容有本质性的区别。

通过以上考辨可以知道，《六韬》的内容在汉代以前就已存在，从而也就排除了魏晋以后人伪作的可能。那么，《六韬》到底作成于什么时代？对于这个问题，虽然历代学者曾提出过许多不同观点，但从总体上看，真正有较大影响的实可归为"成书于秦汉之际说"和"成书于先秦时代说"两大类。

先来看看"成书于秦汉之际说"。宋人罗泌在《路史发挥·论太公》中认为："（《六韬》）要之楚汉之际好事者之所撰。"清代学者崔述在《丰镐考信录》中也说："必秦汉间人之所伪撰。"近人张烈的《〈六韬〉的成书及其内容》①一文则断定为"秦始皇在位时写成"。他们的观点虽不尽相同，差距却也不大，都认为《六韬》作成于秦末至汉初。而笔者认为，他们的说法都存在着一些难以解释的问题。主要有：第一，《六韬》书中多次提到车兵、骑兵、步兵各自的作战方式和他们之间的配合作战，其中车兵的地位被放在了首位，其次是骑兵，步兵则居于比较次要的地位。这与秦始皇统治时或楚汉之际军队构成及战争的实际情况不符，而很像是战国中期以前的情况。② 在秦统一以后，车兵的作用已大大降低，其在战场上的主要地位逐渐被步兵与骑兵所取

---

① 张烈：《〈六韬〉的成书及其内容》，《历史研究》1981年第3期。

② 参见本书第一章第三节《战国时期齐国的军事制度》中的有关考证。

代。第二，在临沂银雀山汉墓中与《六韬》同时出土的《吴孙子兵法》（即《孙子兵法》）、《齐孙子》（即《孙膑兵法》）、《尉缭子》等兵书都是先秦时代的作品，《六韬》当也是先秦兵书。第三，在《淮南子·精神训》中有"故通许由之意，而《金縢》《豹韬》废矣"一段话。《庄子·徐无鬼》中也称："横说之则以《诗》《书》《礼》《乐》，从说之则以《金板》《六弢》。"《战国策·秦一·苏秦始将连横》记载："苏秦……乃夜发书，陈箧数十，得《太公阴符》之谋，伏而诵之，简练以为揣摩。"这些古书中提到的《豹韬》《六弢》《太公阴符》如前所述，都与《六韬》有密切关系，均可作为旁证，说明《六韬》的作成不会晚于战国时代，其作者不是秦汉时人。第四，《六韬》书中屡见"凡国有难，君避正殿"①、"天下非一人之天下，乃天下之天下也。同天下之利者，则得天下；擅天下之利者，则失天下"② 之类的用语，这与秦汉时期那种封建专制的环境和思想是不相符的。第五，今本《六韬》中有些内容与《尉缭子》几乎完全一致，显然是一个来源，《尉缭子》已被证明是战国时期的作品，它也可以作为《六韬》成书时代的一个旁证。

再来看看"成书于先秦时代说"。在同是认为《六韬》作成于先秦的学者中，意见也有分歧。除了前面已提到的"姜太公亲著说"外，还有"春秋时期成书说"③ 和"战国

① 《六韬·龙韬·立将》。

② 《六韬·文韬·文师》。

③ 参见宗彦群：《从临沂一号墓出土的竹简看秦始皇"焚书"的革命措施》，《文物》1974 年第 3 期；陈青荣：《〈六韬〉作者及其成书时代》，《姜太公新论》，北京燕山出版社 1993 年版，第 154 页。

时期成书说”① 两种意见。笔者认为，班固对《六弢》（即《六韬》原型）成书时代所作的记述，是目前所见最早和最权威的，仍然可以作为我们研究的基础。《汉书·艺文志》中，班固根据不同的资料来源记载了三种他自己也不敢确定的说法：“惠、襄之间，或曰显王时，或曰孔子问焉。”比较这三种说法，笔者认为似以成书于周显王在位（前368—前321）时较为可信，而另外两种说法从时间上看都属于春秋时期，恐与实际情况差距较大。因为：第一，如前所述，《六韬》书中用大量篇幅谈到了车兵、骑兵、步兵的配合作战，虽然有学者考证说“殷代的单骑和骑射已经盛行”②，“姜太公论及骑战是完全可能的”③，但征之于考古发现和文献记载，还是应当承认，骑兵的大规模使用及车、步、骑三大兵种的协同作战始于赵武灵王在位（前325—前299）时期，可证《六韬》的述作应在此同时或稍后。第二，从篇幅、结构、文字特征、书写条件以及军事思想等方面看，《六韬》都不大可能是商末周初的产物，也与春秋时期的古籍有明显的区别，而同战国时期的诸子书接近，它们大致出于同一时代。④ 第三，“将军”一词，始见于《左传》，将相

① 参见刘宏章：《〈六韬〉初探》，《中国哲学史研究》1985年第2期；孔德骐：《〈六韬〉的作者、成书时代和版本问题》，《〈六韬〉浅说》，解放军出版社1987年版。

② 于省吾：《殷代的交通工具和驿传制度》，《东北人民大学人文科学学报》1955年第2期。

③ 陈青荣：《〈六韬〉作者及其成书时代》，《姜太公新论》，北京燕山出版社1993年版，第154页。

④ 参见孔德骐：《〈六韬〉的作者、成书时代和版本问题》，《〈六韬〉浅说》，解放军出版社1987年版。

分职更是到战国时才成定制，侈谈王霸，也是战国时的风气。① 第四，《六韬》中分别提到了“铁棓维朌”“铁槌”“木蒺藜”“铁械锁”“环利铁索”“铁杙”“方胸铁杷”“方胸铁叉”“委环铁杙”等多种铁制兵器，并且详细介绍了它们的使用方法，这些兵器在军事上广泛投入使用当在战国中期以后。第五，《六韬》中论述的军队新式训练法：“使一人学战，教成，合之十人；十人学战，教成，合之百人；百人学战，教成，合之千人；千人学战，教成，合之万人；万人学战，教成，合之三军之众；大战之法，教成，合之百万之众。”② 战国兵家著作《吴子》《尉缭子》中均有类似内容，它们的成书时间应相去不远。第六，前面提到的《六韬》中“凡国有难，君避正殿”“天下非一人之天下”等语句，既不像是秦汉时所使用，也非姜太公时所应有。

根据以上分析，我们基本上可以得出结论：《六韬》既不是春秋以前的典籍，也不是秦汉之际的作品，而是作成于战国中后期的兵家著作。

（二）《六韬》的述作者蠡测

通过前面的分析，我们可以进一步对其述作者进行探讨。首先，姜太公是齐国的创建者，《六韬》托名姜太公所述作，而且其竹书残简出土的银雀山汉墓，其地望在战国时属齐国故地，说明该书当与齐国关系密切。其次，《六韬》

① 参见盛冬铃：《六韬译注 · 前言》，河北人民出版社 1992 年版。

② 《六韬 · 犬韬 · 教战》。

一书的哲学思想与齐国的传统吻合，其内容也体现了齐学博采兼收、包容百家的特色。再次，《六韬》中有谈论如何利用渔业资源的内容①，有给部队配备“天潢”“飞江”“浮海”“绝江”② 等涉水渡河器材的记述，还有讲述“与敌人临水相拒”③ 等形势下的战法。总之，各种迹象都使笔者得出这样的看法：《六韬》一书带有鲜明的齐文化特色，如果它确乎作成于周显王在位时的齐国，那么其真正的述作者就呼之欲出了。我们不难想象齐威王田因齐与这部兵书的关系。齐威王的在位时间（前356—前319）同周显王的在位时间正好基本吻合，看来班固的记述并非偶然。而且，齐威王即位后，为从根本上扭转长期积弱、被动挨打的局面，解决当务之急的战争问题，对于军事理论的研究给予了相当高的重视。除了注意提拔、重用当代具有军事理论知识和指挥作战才能的人并鼓励他们撰写军事著作外，还特别注重组织人力对齐国的兵家先贤们治国强兵、纵横天下的事迹和精妙深邃的战略、战术理论进行整理研究。而在当时齐国都城临淄的稷下学宫中，聚集着一大批齐国大夫和来自其他诸侯国的学者，他们当中的很多人都具备编撰兵书的知识和才能。根据有关记载分析，齐威王在位时开始进行的兵书编纂工作规模很大，成果很多，许多著名兵书都是在那个时期编成或基本定型的。④ 我们认为，此时此地同样也最具备完成《六

① 参见《六韬·文韬·文师》。

② 《六韬·虎韬·军略》。

③ 《六韬·豹韬·鸟云泽兵》。

④ 参见本书第二章第五节《弘扬兵学，中兴齐国——齐威王》中的有关考证。

韬》这部兵学巨著的主客观条件。我们有理由相信，班固关于该书作成于周显王时的说法不是无中生有的。

诚然，如果将《六韬》中“姜太公”的某些论述与西周、春秋时代战争情况的有关记载进行比较研究，可以看出它们之间可能存在着某种渊源。众所周知，齐国具有十分悠久的军事学传统，我们不能排除姜太公时代关于战争问题的零星言论辗转流传到战国时代的可能性。但即使有，也绝对不会是像《六韬》或其前身《六弢》《太公》那样体系完备、篇幅宏大的兵书。

齐威王虽然与姜太公并无直接的血缘关系，但田氏既已袭用了姜姓的齐国名号与疆域，自然也要将其精神遗产全盘继承。威王时铸造的《陈侯因敦》上，铸有“扬皇考昭统，高祖黄帝，迩嗣桓、文，朝问诸侯”① 一段铭文，表明了他对黄帝、齐桓公等先贤的敬仰。对姜太公这位齐国的创建者和兵家始祖，齐威王当然也不会不予重视，而对于姜太公（或托名姜太公）传世的零星兵法言论，更会组织长于此道的稷下大夫们精心整理，加以弘扬，并且根据新的历史时期不断变化的社会实际和战争形势重新研究，从新的角度进行论述，注入新的内容，从而促成《六韬》（实际上是其前身《六弢》和《太公》各篇）的正式成书。

综上所考，笔者认为，在研究春秋时期乃至商周之际的有关军事思想时，《六韬》可以在某种层面上起到参考作用。该书的作成也有其复杂的演变过程，但从古籍由零星流传到基本定型的质变意义上看，《六韬》应是作成于战国中期的

① 参见罗振玉编：《三代吉金文存》，中华书局 1983 年版。

齐国，其述作者是齐威王在位时的稷下大夫们。

二、《六韬》的著录和版本

（一）《六韬》的著录和流传情况

《六韬》的著录和流传，是一个问题的两个组成部分。学术界历来对此有不同的说法，值得加以探讨。如前所述，《六韬》的前身《六弢》及《太公》各篇在《汉书·艺文志》中已有著录，而“太公《六韬》”的书名晚出。从已知刘备等人曾谈及《六韬》的情况来分析，该书大约正式定名于东汉后期。

《六韬》一书，除了在《隋书·经籍志》《旧唐书·经籍志》《新唐书·艺文志》《宋史·艺文志》等历代史书，以及晁公武的《郡斋读书志》、郑樵的《通志》、陈振孙的《直斋书录解题》等目录书中有著录外，其书名和内容还被许多古籍引述过，如戴德的《大戴礼记》、陆贾的《新语》、刘向的《说苑》、杜佑的《通典》以及兵书《李卫公问对》等。另外，唐代以来的一些学者如杜牧、王皙、贾林等人注《孙子》和李贤注《后汉书》时，也都征引过该书。

《六韬》虽历经增删变化，但自汉代以来流传甚广，影响很大。16世纪后开始被译成外文，流传到国外。国外出版该书最早的有日本、朝鲜、越南等国。其中，日本学者对其研究较多，评价极高，先后出版有各种版本的《六韬》近40种。

（二）《六韬》的版本和辑佚

在历代的著录中，《六韬》的篇目分合不定，版本多有变化。① 现在我们所能见到的《六韬》，大致可划分为三个系统的版本。

一是《武经七书》系统，有存世版本20多种，著名的有何去非校定《武经七书》本《六韬》、朱服校刊《武经七书》本《六韬》、施子美《施氏七书讲义》、刘寅《六韬直解》、李清《重镌六韬集注》、沈津《太公六韬类纂》、张居正《增订六韬直解》、黄献臣《武经开宗·六韬》、朱墉《武经七书汇解》等。这个系统的各种《六韬》版本，保存有近两万字的文字，一般均有6卷60篇，最为完整，是今人注释、研究《六韬》的主要基础。

二是来源于宋代《武经七书》成书以前古书中大段节抄《六韬》内容的，可称之为古本系统，主要有：《北堂书钞》《群书治要》《艺文类聚》《太平御览》等节引的版本。该系统的特点是，不如《武经七书》系统完整，但保留有一些不见于今本《六韬》的重要内容。

三是来源于文物考古新发现的竹简帛书系统，已知包括有四个版本：山东临沂银雀山竹简本《六韬》、河北定县（今定州）竹简本《太公》、湖北江陵汉简本《太公》以及《敦煌遗书》伯3454号写卷本《六韬》。这四个版本中，《敦煌遗书》本是唐代人手写的《六韬》，而另外三个版本

① 参见盛冬铃：《六韬译注·前言》，河北人民出版社1992年版。

都是汉代以前写成。这个系统的特点是，历史最为悠久，版本比较近真，惜已残佚不全。今人以上述三个系统的《六韬》版本相互校勘、对比研究，在不少方面取得了新的进展。

由于《六韬》在历代流传中人为增删和散佚严重，因而清代学者做了大量的辑佚工作，从各种古籍中找出许多不见于今本的原“太公《六韬》”内容。这些佚文对我们现在的《六韬》研究具有十分重要的价值。在清人所辑的各种《六韬》佚文中，孙同元的《〈六韬〉佚文》和汪宗沂的《太公兵法逸文》是较好的版本。

三、《六韬》的主要内容及其军事思想

《六韬》一书向来以“规模阔大，本末兼该”① 著称，其体系之完备，内容之丰富，均为古代兵书中所少见。《六韬》在军事、政治、哲学思想等许多方面都有不少创见，做出了重要的贡献。在此，我们从以下九个方面着重对其军事思想进行评介。

第一，对战争性质与目的的深刻认识。在这个问题上，《六韬》较好地继承了早期兵家理论并有所发挥。如它认为：“故兵者，国之大事，存亡之道。”② 这种战争观同《孙子·计篇》的有关论述是一脉相承的，但《六韬》更加明确地指出，战争是解决各种政治、经济矛盾的手段和形式，“大

① 朱墉：《武经七书汇解·序》。
② 《六韬·龙韬·论将》。

明发而万物皆照，大义发而万物皆利，大兵发而万物皆服”①。因此，它认为那种“禁暴乱，止奢侈”② 的战争有其合理性。

第二，以“文伐”为核心的“全胜”思想。《六韬》对《孙子》中倡导的“全胜”思想也有继承和发展。如《武韬·发启》云：“全胜不斗，大兵无创。”《龙韬·军势》也说：“善胜敌者，胜于无形。上战无与战。”都是希望以最小的代价换取最大的胜利，甚至不经过交战就达到目的，即所谓“兵不接刃，而敌降服”③。《孙子》虽然提出了“不战而屈人之兵”④ 的“全胜”命题，但对于如何实现这一理想目标，仅仅原则性地提出了“伐谋”“伐交”两种途径，语焉不详。《六韬》在这方面则作了许多具体而深入的阐述，建立起以“文伐”为核心的新的“全胜”理论。《武韬·文伐》中共列举了12种方法：

一曰：因其所喜，以顺其志，彼将生骄，必有奸事。苟能因之，必能去之。二曰：亲其所爱，以分其威。一人两心，其中必衰。廷无忠臣，社稷必危。三曰：阴赂左右，得情甚深。身内情外，国将生害。四曰：辅其淫乐，以广其志。厚赂珠玉，娱以美人。卑辞委听，顺命而合。彼将不争，奸节乃定。五曰：严其忠臣，而薄其赂。稽留其使，勿听其事。亟为置代，遗以诚事，亲而信之，其君将复合之。苟能严之，其国可

① 《六韬·武韬·发启》。
② 《六韬·文韬·上贤》。
③ 《六韬·龙韬·立将》。
④ 《孙子·谋攻篇》。

谋。六曰：收其内，间其外，才臣外相，敌国内侵，国鲜不亡。七曰：欲锢其心，必厚赂之，收其左右忠爱，阴示以利。令之轻业，而蓄积空虚。八曰：赂以重宝，因与之谋，谋而利之。利之必信，是谓重亲。重亲之积，必为我用。有国而外，其地大败。九曰：尊之以名，无难其身，示以大势，从之必信。致其大尊，先为之荣，微饰圣人，国乃大偷。十曰：下之必信，以得其情；承意应事，如与同生。既以得之，乃微收之；时及将至，若天丧之。十一曰：塞之以道，人臣无不重贵与富，恶危与咎，阴示大尊，而微输重宝，收其豪杰。内积甚厚，而外为乏。阴纳智士，使图其计；纳勇士，使高其气。富贵甚足，而常有繁滋。徒党已具，是谓塞之。有国而塞，安能有国？十二曰：养其乱臣以迷之，进美女淫声以惑之，遗良犬马以劳之，时与大势以诱之，上察而与天下图之。

认为上述“十二节备，乃成武事”①。通过开展外交活动和实施军事谋略，以瓦解敌军的意志，使其不战自溃。

第三，对选择、创造和把握战机的特别强调。《六韬》认为，在战前准确地了解敌情，选择合适的战机，是为将帅者必须注意的作战原则，“胜败之征，精神先见。明将察之，其效在人”②。等到敌国出现天灾人祸的混乱局面时，就可以采取军事行动了，“必见天殃，又见人灾，乃可以谋”③。

---

① 《六韬·武韬·文伐》。
② 《六韬·龙韬·兵征》。
③ 《六韬·武韬·发启》。

《六韬》还进一步阐述，要通过自己的主观努力，去创造良好的战机。它在这方面介绍了不少卓有成效的战略战术，比如“至事不语，用兵不言”①、“夫先胜者，先见弱于敌而后战者也”②、“用莫大于玄默，动莫神于不意，谋莫善于不识”③等。《六韬》还强调，良好的战机往往是稍纵即逝的，一旦战机出现，一定要把握住，千万不能轻易地错过。《文韬·守土》形象地指出：“日中必彗，操刀必割，执斧必伐。日中不彗，是谓失时。操刀不割，失利之期。执斧不伐，贼人将来。”《龙韬·军势》也说：“善战者，见利不失，遇时不疑。失利后时，反受其殃。”另外，《六韬》还谈及把握战机的适时、适度问题，如“善战者，居之不挠。见胜则起，不见胜则止”④等。

第四，对将帅作用的高度重视。在《六韬》中有多篇从不同角度专门谈到将帅问题，其重视程度之高，为先秦兵书中所仅有。《龙韬·奇兵》认为：“得贤将者，兵强国昌；不得贤将者，兵弱国亡。”那么，怎样才能得到贤将并使其发挥应有的作用呢？《六韬》分几个层次进行了论述。

首先是认真地选择将帅。《龙韬·论将》中提出了“五材”，即“勇、智、仁、信、忠”作为贤将的五条标准，并且进一步解释说：“勇则不可犯，智则不可乱，仁则爱人，信则不欺，忠则无二心。”

其次是对将帅严格要求和考查：

> 一曰问之以言，以观其辞。二曰穷之以辞，以观其变。三曰与之间谍，以观其诚。四曰明白显问，以观其

①②③④ 《六韬·龙韬·军势》。

德。五曰使之以财，以观其廉。六曰试之以色，以观其贞。七曰告之以难，以观其勇。八曰醉之以酒，以观其态。①

通过这八个方面的观察，“则贤、不肖别矣”②。对于不称职的将帅，要坚决予以撤换：

不知战攻之策，不可以语敌。……将不仁，则三军不亲。将不勇，则三军不锐。将不智，则三军大疑。将不明，则三军大倾。将不精微，则三军失其机。将不常戒，则三军失其备。将不强力，则三军失其职。③

诸如此类的将帅，绝对不能姑息。

再次是树立将帅的权威，临战给他们以随机应变进行指挥的权力。《文韬·兵道》指出：“凡兵之道，莫过于一。一者，能独往独来。”为使指挥权能集中到将帅手里，《六韬》建议，由国君将象征着军权的斧钺亲自授予将帅，将帅在受命之后，就可以“专斧钺之威”④，“能独专而不制”⑤，即使是国君本人，也不能对其过多地干预，“军中之事，不闻君命，皆由将出。临敌决战，无有二心”⑥。

最后是要求将帅身先士卒，起到表率作用。《龙韬·励军》中对此有详细的论述：

将冬不服裘，夏不操扇，雨不张盖，名曰礼将。将不身服礼，无以知士卒之寒暑。出隘塞，犯泥涂，将必先下步，名曰力将。将不身服力，无以知士卒之劳苦。

---

①② 《六韬·龙韬·选将》。

③ 《六韬·龙韬·奇兵》。

④⑥ 《六韬·龙韬·立将》。

⑤ 《六韬·龙韬·军势》。

军皆定次，将乃就舍，炊者皆熟，将乃就食，军不举火，将亦不举，名曰止欲将。将不身服止欲，无以知士卒之饥饱。将与士卒共寒暑、劳苦、饥饱，故三军之众，闻鼓声则喜，闻金声则怒。高城深池，矢石繁下，士争先登。白刃始合，士争先赴。

第五，对军事后勤问题的关注。《六韬》中对齐国的军事后勤体制如人员配备、物资供给、粮秣征集等问题，均有较为详细的论述。《龙韬·王翼》在所列举的“股肱羽翼七十二人”中，后勤人员占有相当比例，如“通粮”“方士”“法算”等都是专职的后勤官吏，他们分工很细，职责明确。《文韬·国务》告诫统治者，只有采取“薄赋敛”“俭宫室台榭”等措施，使“民不失务”“农不失时”，国家经济体制才能正常运转，军队所需的后勤补给才能得到保证。《文韬·六守》还建议，通过实行“农一其乡”“工一其乡”“商一其乡”等政策，发展多种经济，增强国力军力，创造“谷足”“器足”“货足”的良好环境。在各种后勤物资中，粮食的供给占有特别重要的地位。《六韬》中对此论述尤多，如“秋刈禾薪，其粮食储备也。冬实仓廪，其坚守也”①、“深沟高垒，积粮多者，所以持久也”② 等，甚至对如何破坏敌军后勤补给，“绝其粮道”③，以及如何防止“敌人绝我粮道”④，也作了深入探讨。

第六，严明的军纪军法规定。在战场纪律方面，《虎韬·

① 《六韬·龙韬·农器》。
② 《六韬·龙韬·奇兵》。
③ 《六韬·虎韬·略地》。
④ 《六韬·虎韬·绝道》。

略地》提出："无燔人积聚，无坏人宫室，冢树社丛勿伐，降者勿杀，得而勿戮，示之以仁义，施之以厚德。"这与《孙子》主张的"掠于饶野，三军足食"① 相比要进步得多，与另一部战国兵书《尉缭子》所提倡的"凡兵不攻无过之城，不杀无罪之人"② 具有相同的时代特色。在对"赏"与"罚"的辩证运用方面，《六韬》也有独到之处。如《文韬·赏罚》云："赏所以存功，罚所以示惩。"既然赏功罚罪是治理军队的重要措施，就必须予以严肃地对待，"凡用赏者贵信，用罚者贵必"③。《六韬》还强调执法必须打破等级的限制，"故杀一人而三军震者，杀之。赏一人而万人说者，赏之。杀贵大，赏贵小。杀及当路贵重之臣，是刑上极也。赏及牛竖马洗厩养之徒，是赏下通也"④。这样才具有典型意义，才能使大家心悦诚服，真正调动起将吏士卒们杀敌立功的积极性。

第七，先进的部队训练方法。《六韬》特别讲究"练士之道"⑤，即先根据士卒各自的特长编成不同的分队，然后再分别进行有针对性的训练。训练方法为："使一人学战，教成，合之十人；十人学战，教成，合之百人；百人学战，教成，合之千人；千人学战，教成，合之万人；万人学战，教成，合之三军之众；大战之法，教成，合之百万之众。"⑥

---

① 《孙子·九地篇》。
② 《尉缭子》之《攻权》《武议》。
③ 《六韬·文韬·赏罚》。
④ 《六韬·龙韬·将威》。
⑤ 《六韬·犬韬·练士》。
⑥ 《六韬·犬韬·教战》。

这种以一教十、由浅入深、循序渐进、系统正规的新式训练方法，在《吴子》《尉缭子》等兵书中也有类似的记载，说明战国时期已在各诸侯国得到了推广，的确是军事训练史上的一个历史性进步。

第八，对各种战法的具体阐述。战国时代，各种新式的铁制兵器广泛投入使用，战争的规模和激烈程度都较前有了很大变化，对各种战法的研究也日益引起兵学家们的重视。在这方面，《六韬》作了许多有价值的理论阐述，“其篇幅之大，分析之细，范围之广，在前人的兵书中是绝无仅有的”①。例如，在谈到伏击战法时，它要求：“先战五日，发我远候，往视其动静，审候其来，设伏以待之，必于死地，与敌相遇。远我旌旗，疏我行陈。必奔其前，与敌相当，战合而走，击金无止，三里而还，伏兵乃起，或陷其两旁，或击其前后。”② 设计得非常周密，实用性也很强。又如，《六韬》在谈到突围战法时，指出：“暴用之则胜，徐用之则败。如此者，为四武冲陈，以武车、骁骑惊乱其军而疾击之，可以横行。”③ 突出了一个“疾”字，符合军事学原理。再如，在谈到“以少击众，以弱击强”④ 的战法时，它提出：“以少击众者，必以日之暮，伏于深草，要之隘路。以弱击强者，必得大国之与，邻国之助。”⑤一旦与敌交战，则要“疾

① 吴如嵩：《论〈六韬〉的军事思想》，《兵家史苑》第1辑，军事科学出版社1988年版，第58页。

② 《六韬·虎韬·动静》。

③ 《六韬·虎韬·疾战》。

④⑤ 《六韬·豹韬·少众》。

击其前，急攻其后；或击其表，或击其里”①，机动灵活，用兵神速，“敌人虽众，其将可走”②。在《六韬》中，还分别谈到了野战、林战、火战、山地战、险隘战、渡水作战以及攻坚战、运动战、奔袭战、歼灭战等多种战法，既有较高的理论价值，也有较强的可操作性。另外，《六韬》一书对作战中的各种队形、阵法也有较多论述，很有研究价值。

第九，对各兵种配合作战方法的总结。步、车、骑等兵种之间互相配合进行战斗，是战国时期军事行动的一大特色。对此问题，《吴子》《孙膑兵法》等兵书中都有论及，但《六韬》的论述是最为深入的。它指出：“步贵知变动，车贵知地形，骑贵知别径奇道，三军同名而异用也。”③ 这三个兵种的特点和作用不同，因而受客观条件的制约也各异，只有合理地加以使用，才能扬长避短，发挥它们各自的作用。为此《六韬》总结出骑兵有“十胜九败”④，即十种可以获胜的情况和九种必然失败的原因，总结出车兵“死地有十，其胜地有八”⑤，强调为将帅者要“明于十害八胜”⑥，懂得趋利避害。各兵种之间能否巧妙地互相配合，协同作战，对战争的胜负往往有很大影响，《六韬》论述说：“令我士卒为行马、木蒺藜，置牛马队伍，为四武冲陈。望敌车骑将来，均置蒺藜，掘地匝后，广深五尺，名曰‘命笼’。人操行马进退，阑车以为垒，推而前后，立而为屯，

① 《六韬·豹韬·敌强》。
② 《六韬·豹韬·少众》。
③⑤⑥ 《六韬·犬韬·战车》。
④ 《六韬·犬韬·战骑》。

材士强弩，备我左右。”① “车骑坚陈而处。敌人过我伏兵，积弩射其左右，车骑锐兵，疾击其军，或击其前，或击其后，敌人虽众，其将必走。”② 这种战法显然来源于长期的战争实践，具有很强的指导意义。

① 《六韬·犬韬·战步》。
② 《六韬·豹韬·敌武》。

第五节 《孙膑兵法》及其军事思想

一、《孙膑兵法》若干问题考述

（一）《孙膑兵法》的著录、失传及重光于世

《孙膑兵法》又称《齐孙子》，不仅在齐国军事著作中极为重要，而且在整个古代史中也是不可多得的兵家典籍。该书至汉代时尚流传，在《汉书·艺文志》“兵权谋家”类中，著录有“《齐孙子》八十九篇，图四卷”。但不知什么原因，这部著名兵书大约在东汉末年突然失传了。此后，《隋书·经籍志》以下的各类公私书目中均不见著录。

《孙膑兵法》的不幸亡佚，致使历代研究者难识其庐山真面目，宋明以来有些人甚至怀疑该书在历史上是否真的存在过。[①] 直到 1972 年 4 月大批《孙膑兵法》竹简与其他先

① 参见梁启超：《中国历史研究法》，金德建：《论孙子十三篇作于孙膑考》，钱穆：《先秦诸子系年》。

秦兵书在山东临沂银雀山汉墓中同时被发掘出来，才使这部珍贵兵书重光于世，也使聚讼千年的历史疑案终于真相大白，从而彻底否定了《孙膑兵法》并不存在的错误说法。

（二）《孙膑兵法》的整理、校勘及主要版本

《孙膑兵法》佚散已久，无传本可以对照，因此该书竹简出土以后，整理、校勘工作就显得非常重要。据记载，这批竹书由于“在墓的淤泥积水中浸蚀了两千多年，质地已经腐朽”①，再加上发掘时的原因，出土时残断散乱的情况非常严重，这就给整理工作带来了很大的困难。银雀山汉墓竹简整理小组在当时的条件下，做出了极大的努力，对包括《孙膑兵法》在内的竹书残简分别进行了整理和注释。虽然在断简缀合及释文考证等方面不无遗憾，但他们的开创之功实不可没。出土的《孙膑兵法》虽然残缺很多，且文字古奥，词意难以尽悉，但经文物工作者们初步整理编排后，其各篇的概貌、大意尚可看出。

《孙膑兵法》竹简有关内容最早公诸世人，是在1974年初。② 1975年2月、7月，文物出版社先后出版了银雀山汉墓竹简整理小组编《银雀山汉墓竹简·孙膑兵法》的平装本和线装大字本。两种版本篇目相同，分上、下两编，各15篇，共30篇。上编中的前4篇《擒庞涓》《见威王》《威王

① 刘心健编著：《孙膑兵法新编注译》，河南大学出版社1991年版。

② 参见《山东临沂西汉墓发现〈孙子兵法〉和〈孙膑兵法〉等竹简的简报》，《文物》1974年第2期；詹立波：《〈孙膑兵法〉残简介绍》，《文物》1974年第3期。

问》《陈忌问垒》直接记述了孙膑指挥作战的事迹以及与齐威王、田忌的问答。另外11篇篇首都称“孙子曰”，而下编的15篇没有提到孙子，只是根据内容、文例及书体判定为《孙膑兵法》。在此后的若干年中，以这个版本为基础出版了一些对《孙膑兵法》进行标点、校勘和注解的著作①，一批论文也相继问世。② 在这些作品中，学者们除对该书内容进行初步研究外，主要对其中下编的15篇是否为《孙膑兵法》的内容展开争论。多数人认为，在尚无确据可以定为《孙膑兵法》内容之前，只能暂时将其视为古代兵家的佚作。文物出版社于1985年9月在出版由银雀山汉墓竹简整理小组重新编订的《银雀山汉墓竹简［壹］·孙膑兵法》时，即吸取了学者们的上述意见，将原下编的15篇删去，另编入先秦“论政论兵之类”，仅保留原上编15篇的内容，另加一篇《五教法》，计16篇。近年来新出版的各种研究、译注《孙膑兵法》的作品，虽在具体断句和校释上观点多有异同，但大都是以1985年出版的“十六篇本”为底本③，这些新成果可以作为我们研究这部著名齐国兵书时的主要参考材料。

---

① 如沈阳部队编写组：《孙膑兵法注释》，辽宁人民出版社1975年版；张震泽：《孙膑兵法校理》，中华书局1984年版。

② 如任继愈：《〈孙膑兵法〉的哲学思想》，《文物》1974年第3期；杨伯峻：《孙膑和〈孙膑兵法〉杂考》，《文物》1975年第3期；黄盛璋：《〈孙膑兵法·擒庞涓〉篇释地》，《文物》1977年第2期。

③ 如霍印章：《孙膑兵法浅说》，解放军出版社1986年版；傅振伦：《孙膑兵法译注》，巴蜀书社1986年版；邓泽宗：《孙膑兵法注释》，解放军出版社1986年版；刘心健编著：《孙膑兵法新编注译》，河南大学出版社1991年版；黄朴民注译：《白话孙子兵法（附孙膑兵法）》，岳麓书社1991年版。

（三）《孙膑兵法》的佚文考略

出土的竹书《孙膑兵法》已是残本，比《汉书·艺文志》中著录的“八十九篇、图四卷”差了很多。那么，除了上述学术界公认的新版十六篇本《孙膑兵法》外，还有无其他孙膑论兵的文字流传下来，是一个值得探讨的问题。与其他一些先秦兵书遭遇不同的是，《孙膑兵法》全书佚散了一千多年，在竹简之外似无大量的佚文存在。但是，也不能绝对排除孙膑言兵的个别段落通过某种渠道辗转流传至今的可能性。“人们有理由认为，古代历史文献中散存的孙膑论兵资料，具有《孙膑兵法》佚文的性质。”①

近年来有的学者对《孙膑兵法》的佚文做过某些辑录工作，取得了一定的成绩②，但似乎不够精确、详尽，应加以增减和辨析。据笔者初步考证，孙膑论兵的佚文，可能有以下八个来源。

第一个来源是《战国策》。《战国策·齐一·田忌为齐将》中保留有孙膑与田忌的一段对话：

> 孙子谓田忌曰：“将军可以为大事乎?”田忌曰：“奈何?”孙子曰：“将军无解兵而入齐。使彼罢弊老弱守于主。主者，循轶之途也，辖击摩车而相过。使彼罢弊老、弱守于主，必一而当十，十而当百，百而当千。

---

① 霍印章：《孙膑兵法逸文·按语》，《兵书观止》第1卷，北京广播学院出版社1994年版，第730页。

② 参见刘心健：《孙膑言论集录二则》，《孙膑兵法新编注译》，河南大学出版社1989年版；霍印章：《孙膑兵法逸文》，《兵书观止》第1卷，北京广播学院出版社1994年版。

然后背太山，左济，右天唐，军重踵高宛，使轻车锐骑冲雍门。若是，则齐君可正，而成侯可走。不然，则将军不得入于齐矣。”

《战国策》中对与孙膑有关的事件涉及不少，但直接记载其言论的仅此一则，值得重视。

第二个来源是《史记》。《史记·田敬仲完世家》记载了孙膑说齐王的一段话：

孙子曰：“夫韩、魏之兵未弊而救之，是吾代韩受魏之兵，顾反听命于韩也。且魏有破国之志，韩见亡，必东面而愬于齐矣。吾因深结韩之亲而晚承魏之弊，则可受重利而得尊名也。”①

在《史记·孙子吴起列传》中则保留了三段孙膑谈兵的言论。第一段是孙膑在田忌赛马时为其贡献的“一不胜而再胜”② 的妙计：

今以君之下驷与彼上驷，取君上驷与彼中驷，取君中驷与彼下驷。

第二段是孙膑建议田忌围魏救赵时的谈话：

孙子曰：“夫解杂乱纷纠者不控卷，救斗者不搏撠，批亢捣虚，形格势禁，则自为解耳。今梁赵相攻，轻兵锐卒必竭于外，老弱罢于内。君不若引兵疾走大梁，据其街路，冲其方虚，彼必释赵而自救。是我一举解赵之围而收弊于魏也。”

---

① 《战国策·齐一·南梁之难》所载田臣思说的一段话，与此段文字基本相同。

② 《史记·孙子吴起列传》。

第三段是马陵之战时，孙膑策划的退兵减灶之计：

孙子谓田忌曰："彼三晋之兵素悍勇而轻齐，齐号为怯，善战者因其势而利导之。兵法，百里而趣利者蹶上将，五十里而趣利者军半至。使齐军入魏地为十万灶，明日为五万灶，又明日为三万灶。"

这三段话集中体现了孙膑高超的军事指挥艺术，是对《孙膑兵法》的重要补充。

第三个来源是曹操注《孙子兵法》时引用的孙膑言论。在十一家注本《孙子·九地篇》"陷之死地然后生"一句下，曹操注引："孙膑曰：'兵恐不投之死地也。'"这是目前所见东汉末年出现的唯一一则孙膑论兵的佚文，对于研究《孙膑兵法》的流变情况具有重要的价值。

第四个来源是《通典》《太平御览》等书。杜佑的《通典》中载有两段孙膑的言论，均不见于竹简本《孙膑兵法》。第一段载《通典》卷一四九：

孙膑曰："用骑有十利：一曰迎敌始至；二曰乘敌虚背；三曰追散乱击；四曰迎敌击后，使敌奔走；五曰遮其粮食，绝其军道；六曰败其津关，发其桥梁；七曰掩其不备，卒击其未整旅；八曰攻其懈怠，出其不意；九曰烧其积聚，虚其市里；十曰掠其田野，系累其子弟。此十者，骑战利也。夫骑者，能离能合，能散能集；百里为期，千里而赴，出入无间，故名离合之兵也。"

第二段载《通典》卷一六一：

战国齐将孙膑谓齐王曰："凡伐国之道，攻心为上，务先服其心。今秦之所恃为心者，燕、赵之权。今说燕、赵之君，勿虚言空辞，必将以实利，以回其心。所谓攻其心也。”

其中第一段话比较清晰，可补《孙膑兵法》对骑兵问题的论述，而第二段存在一些疑问。首先是这段文字又见于《长短经·兵权·攻心》和《太平御览》卷二八二，只是个别字句稍有差别。《长短经》中这段话是“战国时有说齐王曰”，并未明指是孙膑所说。《太平御览》中虽记为“齐孙膑谓齐王曰”，而且注明是引自《战国策》，但遍查今本《战国策》，并无此段文字。其次从史实上看，孙膑时齐国主要的用兵对象是三晋，同秦、燕等国似乎没有多少接触，史书中更没有记载当时齐国要笼络燕、赵共与秦斗争的事。南宋鲍彪在注《战国策·齐六·田单将攻狄》时写道：“马谡对诸葛亮曰：‘用兵之道，攻心为上，攻城为下。’其言出于此。”考田单为将之时，齐国确曾积极与秦争夺赵、燕等国。因此，笔者认为这段话是否出自孙膑应存疑，从历史背景看更像是田单给齐襄王提的建议。

第五个来源是《武经总要》。北宋曾公亮等编著的《武经总要前集》卷四《用骑》引述：

孙膑亦曰：“骑战之道，以虚实为主，变化为辅，地形为佐。又有十利八害焉。一，乘其未定。二，掩其不固。三，攻其不属。四，邀其粮道。五，绝其关梁。六，袭其不虑。七，乱其战器。八，陵其恐惰。九，掩其未装。十，追其奔散。此十利也。八害者：一，敌乘背虚，寇蹑其后。二，越阻追北，为敌所覆。三，往而无以返，入而无以出。四，所从入者隘，所由去者远。五，涧谷所在，地多林木。六，左右水火，前后山阜。七，地多污泽，难以进退。八，地多沟坑，众草接茂。此八害者，皆骑士成败之机。将必习之，乃可从事焉。”

因古书没有标点，学者们对这段话中“地形为佐”以下各句是否为孙膑原话有不同见解。[①] 笔者认为，从其对骑兵战法的阐述来看，虽与前引《通典》所载孙膑的言论略有不同，但两者表述的层次和范围基本一致。另外，这段议论与战国兵书《六韬·犬韬·战骑》总结的骑兵“十胜九败”亦有相通之处。因此，在没找到其他证据之前，这段文字似可作为研究孙膑军事思想的参考资料。

以上五个来源的佚文，都注明是孙膑所说的话，这是其共同特点。

第六个来源是银雀山出土的其他论兵竹简。在“十六篇”以外的银雀山竹简中，究竟还有没有孙膑的遗作，值得考虑，尤其是“下编十五篇”的归属，仍需商讨。从文字的风格及内容上看，有些与“十六篇”极为相似。[②] 残简的整理核对固然难度很大，但只要认真考释，反复比较，应能取得某些进展。

第七个来源是《汉书》。《汉书·陈汤传》中陈汤引兵法曰：“客倍而主人半，然后敌。”虽未明指是孙膑的兵法，

---

① 霍印章《孙膑兵法逸文》认为，以下各句也是孙膑原话。毛元佑《武经总要（节选）》则认为以下各句是《武经总要》编著者曾公亮、丁度等人的话，《兵书观止》第 2 卷，北京广播学院出版社 1994 年版，第 768 页。此从霍说。

② 参见杨善群：《孙膑生平及其著述》，《孙子评传》，南京大学出版社 1992 年版，第 370 页。

但值得注意的是，在银雀山竹简整理本初版《孙膑兵法》下编的《客主人分》篇中，也有“客倍主人半，然可敌也”一语。两者十分接近，当属同一作品，互相对读，或许有利于问题的解决。

第八个来源是口头材料和今人研究成果。今人对其他问题的研究考证以及有关文物古迹、方志族谱、民间传说等，其中都包含有不少所谓孙膑的事迹言论。虽然它们的可靠性和史料价值不能同文献资料、出土资料相比，但是我们只要仔细鉴别、慎重对待，也可以从中得到诸多启发。①

（四）《孙膑兵法》的述作者和作成时代

《孙膑兵法》重光于世，其与孙膑及《齐孙子》的关系也因之而基本得到了证实。此后，人们进一步展开对该书述作者和作成时代的讨论。关于述作者，大致有这样几种看法：一种看法认为，上编各篇内容均为孙膑所自著。② 另一种看法提出，从书中反映的思想以及孙膑在齐国有弟子等情况来看，该书当出于其门人弟子之手。③ 还有一种看法则调

---

① 参见朱亚非：《孙膑故里探析》，《孙膑研究》，山东大学出版社 1992 年版；孙世民、吴良训：《〈孙氏族谱〉及孙膑故里》，《孙膑研究》，山东大学出版社 1992 年版；周广良、张存俭：《孙膑故里话孙膑》，《孙膑研究》，山东大学出版社 1992 年版；庄春波：《孙膑原名考》，《孙子学刊》1994 年第 3、4 期合刊。

② 参见张震泽：《〈孙膑兵法·陈忌问垒〉校理》，《辽宁大学学报》1979 年第 1 期；张震泽：《〈孙膑兵法·威王问〉篇校理》，《辽宁大学学报》1979 年第 4 期。

③ 参见杨伯峻：《孙膑和〈孙膑兵法〉杂考》，《文物》1975 年第 3 期。

和说，该书是战国时齐人孙膑及其后学所著。① 依笔者拙见，从司马迁所记述的“孙膑以此名显天下，世传其兵法”② 和“孙子膑脚，而论兵法”③ 等内容来看，孙膑当有兵法著作传世；而且从其内证来分析，《孙膑兵法》虽然有可能被孙膑的弟子或后学进行过某些整理，但该书无疑是对孙膑军事思想和军事实践的直接总结，应该算作他本人的作品。关于其作成时代，研究者们的看法也存在分歧，有人认为应在公元前320年前后的十余年间④，有人则认为是在公元前341年左右。⑤ 其实，一部兵书的作成往往需要持续一段时间，似不必将年代定得过于精确，大致划定一个时期即可。

二、《孙膑兵法》的军事思想述略

（一）对《孙子》的继承和发展

在《孙膑兵法》的军事思想中，有许多地方是与《孙子》有直接继承关系的，而其中的一些方面又有了新的发展。

关于《孙膑兵法》对《孙子》军事思想的继承和发展，

---

① 参见《中国军事史》第4卷《兵法》，解放军出版社1988年版，第99页。

② 《史记·孙子吴起列传》。

③ 《史记·太史公自序》。

④ 参见郑良树：《〈孙膑兵法〉之出土、影响及作成时代》，《竹简帛书论文集》，中华书局1982年版，第63页。

⑤ 参见杨善群：《孙膑生平及其著述》，《孙子评传》，南京大学出版社1992年版，第519页。

不少学者对此已有较为深入的研究，可供参考。刘心健《〈孙膑兵法〉是〈孙子兵法〉的继承和发展》中提出，《孙子》多言兵要，而《孙膑兵法》在祖述《孙子》中又有所发展，其中还有部分记述重要战役的篇章。通过两书的对比分析，即可找出其继承和发展关系的渊源。《孙膑兵法》在继承方面，有的是引用原文，有的是加以简要归纳，有的是词汇语句不同，而内容未变。陈式平《先秦“二孙”战略思想理论之比较研究》（《军事研究》1986年第1辑）将两者作了三个方面的比较研究：第一，关于“二孙”战略思想理论之本源。孙武比较着重于“道”的本质与战略特性的作用关系之阐述；孙膑则比较着重于“道”的运作与战略作为的内容及范围之阐明。“二孙”对战略特性所作的论述则大体相同。第二，关于“二孙”战略指导之基本要旨。“二孙”的战略指导思想乃是一脉相承的基本理论。孙武完全以“诡道”作为运用其各项主要法则的中心原理，而孙膑则是以“变道”作为运用其各项主要法则的重要原理。第三，关于“二孙”战略艺术之基本作为。为奇正之变和避实击虚的神机妙用。魏汝霖《孙武十三篇与孙膑兵法之研究》（《军事研究》1986年第1辑）认为，《孙子》十三篇全为原则之指示，而《孙膑兵法》特别注重原则之应用，以及带兵、练兵之经验。邓泽宗、陈济康《〈孙膑兵法〉对〈孙子兵法〉的发展》（《军事历史》1987年第1期）着重介绍了《孙膑兵法》以战国时代的战争实践为基础，在攻城问题上把《孙子》的思想向前推进了一大步。霍印章《论〈孙膑兵法〉与〈孙子兵法〉的师承关系》论述说，《孙膑兵法》对《孙子》的师承，不是一般、个别的，而是全面、具体、深刻的。这个特点是它所独具的，是一切其他先秦著作中所没有的。因此，只有《孙膑兵法》才是《孙子》在先秦时代的真正继承者。杨善群《孙膑的军事思想》也指出，《孙膑兵法》在不少地方，其思想甚至语言都与《孙子》极为相似。当然，两者相隔一百五六十年，随着战争规模的扩大，武器装备的更新和兵种配置的变化，孙膑又吸取和总结了战国前期丰富的战争经验，他的军事思想较之孙武，在许多方面是有发展和创新的。岳玉玺《孙武、孙膑战争观之比较》（《东岳论丛》1991 年第 5 期）则认为，《孙子》十三篇虽然讲了大量的用兵打仗的战略战术，但对战争的态度仅言及慎重而已，未再作深入一步的阐发。另外，《孙子兵法》十三篇虽然备言作战用兵之法，但对战争的历史作用未有谈及。而《孙膑兵法》在这些方面都较之《孙子》有了长足的进步。

（二）进步的战争观

作为战国时期齐国优秀兵学著作的杰出代表，《孙膑兵法》具有比较进步的战争观，这主要体现在以下几个方面。

首先是朴素地认识到了战争的不可避免性。它列举说："昔者，神戎战斧遂，黄帝战蜀禄，尧伐共工……汤放桀，武王伐纣，帝奄反，故周公浅之。故曰，德不若五帝，而能不及三王，智不若周公，曰我将欲责仁义，式礼乐，垂衣裳，以禁争夺。此尧舜非弗欲也，不可得，故举兵绳之。"①说明自"五帝""三王"以来，就是以战争的手段来解决争

① 《孙膑兵法·见威王》。

端、维护统治的。因此，针对战国时期七雄并立、竞相争霸的客观实际，它明确主张："战胜，则所以存亡国而继绝世也。"① "战胜而强立，故天下服矣。"②

其次是对战争问题持谨慎的态度。该书虽然主张以战争方式夺取胜利，但它也清醒地认识到战争并不是万能的灵丹妙药，故而坚决反对那种"乐战好兵"的轻率行为，认为："夫乐兵者亡，而利胜者辱。兵非所乐也，而胜非所利也。"③ "战不胜，则所以削地而危社稷也。是故兵者不可不察。"④必须慎重行事，才不致兵败国亡，蒙受耻辱。

最后是强调要有备而战。《孙膑兵法》认为："用兵无备者伤，穷兵者亡。"⑤如果军事行动不能避免，"不得已而后战"⑥，也要"见胜而战，弗见而诤"⑦，在富国强兵的基础上，"事备而后动"⑧。只有这样，才能"兵有功，主有名"⑨，立于不败之地。

（三）高明的战略战术

1. "巧在于势"⑩、"必攻不守"⑪的战略思想

《孙膑兵法》的战略思想，笔者认为可大致归纳为两个层次，试分述如下。

一是主张"巧在于势"，即作战前要注意创造和利用有利的态势。《吕氏春秋·不二》评述说："孙膑贵势。"我们

---

①②③④⑤⑧⑪ 《孙膑兵法·见威王》。

⑥ 《孙膑兵法·月战》。

⑦ 《孙膑兵法·八阵》。

⑨ 《孙膑兵法·势备》。

⑩ 《孙膑兵法·篡卒》。

从《孙膑兵法》各篇中的确随处可以看到孙膑对“势”的重视，如《见威王》云：“夫兵者，非士恒势也。此先王之傅道也。”《威王问》中也以齐威王之口称赞说：“善哉！言兵势不穷。”该书认为，“势”的取得，要靠战前充分的谋划和周密的安排，所谓“势备而后动”①。而一旦形成了有利于我、不利于敌的作战态势，就要牢牢把握住主动权，“势者，攻无备，出不意”②，因势利导，灵活用兵。

二是强调“必攻不守”，即作战时要采取积极的进攻原则。在《威王问》中保留有一段田忌与孙膑之间关于何为“兵之急者”的对话，值得重视：

> 田忌曰：“赏罚者，兵之急者邪?”孙子曰：“非。夫赏者，所以喜众，令士忘死也；罚者，所以正乱，令民畏上也。可以益胜，非其急者也。”田忌曰：“权、势、谋、诈，兵之急者邪?”孙子曰：“非也。夫权者，所以聚众也；势者，所以令士必斗也；谋者，所以令适（敌）无备也；诈者，所以困适（敌）也。可以益胜，非其急者也。”田忌忿然作色：“此六者，皆善者所用，而子大夫曰非其急者也。然则其急者何也?”孙子曰：“缭（料）适（敌）计险，必察远近□□将之道也。必攻不守，兵之急者也。”

这里，孙膑明确指出，赏、罚、权、势、谋、诈六个方面虽然可以“益胜”，但是对于用兵者来说都不是最紧迫的，只有“必攻不守”才是“兵之急者也”。它对进攻战略的特别

---

① 《孙膑兵法·见威王》。
② 《孙膑兵法·势备》。

强调，目的就是要把打击敌人、消灭敌人放在首要地位。值得一提的是，战国兵家往往所见略同。《商君书·兵守》中所说的“负海之国贵攻战”与《孙膑兵法》的战略思想不谋而合。

2. 在“料敌计险”① 基础上的多种战术运用

《孙膑兵法》一书中，谈论各种战术运用的内容占了大量的篇幅，涉及的范围也很广泛，主要有城市的攻守战术、布阵破阵战术、诱敌歼敌战术等。而所有这些战术的运用，都是建立在“料敌计险”即对整个战场情况充分了解的基础之上的。

在谈到城市的攻守战术时，该书强调进攻要有突然性，要采用“攻兼用行城”②、“袭国邑以水则”③等行之有效的先进战法。它对守城时军事物资的储备给予了特别的关注，指出：“城小而守固者，有委也。”④

在谈到布阵破阵战术时，该书认为：“陈则知八陈之经，见胜而战，弗见而诤，此王者之将也。”⑤ 对于“八阵”的具体运用，它也有详细的论述：“用八陈战者，因地之利，用八陈之宜。用陈参分，诲陈有蘲，诲逢有后，皆待令而动。斗一，守二。以一侵敌，以二收。”⑥布阵一定要“有锋有后”⑦，“陈无锋，非孟贲之勇也敢将而进者……陈无后，非巧士敢将而进者，不知兵之情者。故有锋有后，相信不

①④ 《孙膑兵法·威王问》。
②③ 《孙膑兵法·官一》。
⑤⑥ 《孙膑兵法·八阵》。
⑦ 《孙膑兵法·势备》。

动，敌人必走”[①]。该书还告诫说，在用兵布阵时应充分注意地形地势，“军与陈皆毋政前右”[②]。《孙膑兵法》中对如何破敌之阵也有深入探讨，如“以轻卒尝之，贱而勇者将之，期于北，毋期于得，为之微陈以触其侧”[③]、“锥行者，所以冲坚毁兑也。雁行者，所以触侧应□（也）。篡卒力士者，所以绝陈取将也”[④]、“射战以云陈，圉裹以羸渭，取喙以阖隧”[⑤] 等。另外，该书还论及临阵对敌时各兵种的配合作战问题，如“以弩次疾利，然后以其法射之。垒上弩戟分”[⑥]、“车骑与战者，分以为三，一在于右，一在于左，一在于后，易则多其车，险则多其骑，厄则多其弩”[⑦] 等，都有较高的实用价值。

在谈到诱敌歼敌战术时，该书的阐述更为系统，《擒庞涓》中详细介绍了孙膑以一系列高明的战术，诱敌入围，“而禽（擒）庞涓”的全过程。在其他篇中也有利用“让威”[⑧]诱敌误敌，设法“辟而骄之，引而劳之”[⑨]，诱敌至“隘塞死地”[⑩]中加以歼灭等论述，环环相扣，何其精妙！

（四）严明的治军思想

《孙膑兵法·篡卒》云：“恒胜有五：得主专制，胜。知道，胜。得众，胜。左右和，胜。量敌计险，胜。”在这

---

① 《孙膑兵法·势备》。

② 《孙膑兵法·地葆》。

③④⑧⑨ 《孙膑兵法·威王问》。

⑤ 《孙膑兵法·官一》。

⑥⑩ 《孙膑兵法·陈忌问垒》。

⑦ 《孙膑兵法·八阵》。

五项可以取胜的条件中，有四项是同治理军队有关的，由此可见孙膑对这个问题的高度重视。该书还有多处关于军队建设的具体论述，如《篡卒》指出："兵之胜在于篡卒，其勇在于制。"《月战》则说："间于天地之间，莫贵于人。"《延气》也有"合军聚众，［务在激气。］复徙合军，务在治兵利气"的论说。《五教法》更是通篇讲述军队的训练和管理问题。总之，《孙膑兵法》关于军队建设和管理方面的阐述极有特色，而其治军思想的核心可以归纳为：以人为贵，"篡贤取良"①，"严正辑众"②，明赏重罚。

① 《孙膑兵法·行篡》。
② 《孙膑兵法·威王问》。

第四章　齐国主要战争述略

第一节 西周、春秋时期齐国的主要战争

一、西周时期齐国参加的主要战争

从西周初年太公封齐开始，至公元前771年周幽王被杀为止，是齐国由建立到逐步奠定基础的历史时期。这一时期齐国的统治者主要忙于巩固政权和发展经济，对外战争参加的不多，而且由于史书记载的缺乏，我们现在只能根据零星材料作一些简要的考析。

从整个西周时期的情况来看，齐国除了统治集团内部为争夺政权而进行的互相攻杀之外，参加的对外战争主要有两类：一是受西周王室之命进行的平叛战争；二是与周边少数族之间进行的战争。

《史记·齐太公世家》记载，周成王曾派召康公向姜太公及其继任者宣布："东至海，西至河，南至穆陵，北至无棣，五侯九伯，实得征之。"姜太公本人及其儿子吕伋都曾

亲率齐军配合周公东征，吕伋的事迹在《矢令簋》铭文中也有记载。① 另据学者考证，"昭王南征荆楚之役，齐国肯定会按照诸侯对周王室的法定义务，为王室提供军赋，出兵助王作战，成为重要的方面军"②。其后，徐戎与淮夷相继叛周，周穆王也曾率各诸侯国军队进行平叛，"在这一系列的军事行动中，齐国军队不参加征战，反而是不可能的"③。这里需要说明的一点是，齐国军队并不一定每次都是单纯为周室平叛而作战的，齐国统治者会利用王室给予的政治、军事特权，打着"夹辅周室"④ 的旗号，抓住一切机会进行武力扩张。西周中后期齐国疆土的不断开拓和初步定型，为后来春秋霸业的形成奠定了坚实的基础，其影响极为深远。

太公封齐立国之初，齐国实际控制的疆域尚不足百里，周边的莱夷等少数民族势力很大，争夺土地、人口的战争难以避免。姜太公刚刚就国，"莱侯来伐，与之争营丘"⑤，只是因为太公"夜衣而行，黎明至国"⑥，做好了充分的军事准备，齐国才在对莱夷的战争中处于主动地位。春秋时期的齐相晏婴在与景公谈话时曾回忆说："昔爽鸠氏始居此地……蒲姑氏因之，而后太公因之。"⑦ 蒲姑氏即薄姑氏，为莱夷族的一支。西周初年齐人曾同薄姑氏进行过激烈的军事对抗，而齐国最终战胜了对手，夺得了不少莱夷之地。

---

① 《矢令簋》铭文中所说的"丁公"，据考证即指吕伋。参见本书第二章第二节的有关引述。

②③ 参见王阁森、唐致卿主编：《齐国史》，山东人民出版社 1992 年版，第 167 页。

④ 《左传·僖公四年》载管仲追述齐国历史的谈话。

⑤⑥ 《史记·齐太公世家》。

⑦ 《左传·昭公二十年》。

《舆方鼎》铭文记述："隹周公征□伐东尸、丰白、専古，咸□。"可见周初齐国同周边少数民族进行的战争，有时与配合周王室进行的平叛战争是相辅相成、有机结合的。正如有学者所考证过的："大概在管蔡武庚事件之后，周公借师尚父牧野鹰扬的威名，深入莱夷地盘建立了殖民据点。故营丘去当时莱夷强族薄姑氏仅六十里，而太公也因周公之助，削除薄姑氏，齐国乃立。"①

二、春秋前期齐国参加的主要战争

根据军事形势及作战情况的不同特点，我们将齐国的春秋战争史划分为前后两个时期，从公元前770年周平王迁都、建立东周王朝至公元前643年桓公去世、齐国内乱为春秋前期。这一时期齐国的对外战争，从总体上看是以逐步扩大势力范围和建立霸业为目的的。而笔者认为，从发生、进行及结果的显著变化来看，春秋前期齐国的战争以公元前684年（齐桓公二年）初的齐鲁长勺之战为界，又可以大致分为两个阶段。

第一阶段历经齐庄公、齐僖公、齐襄公和齐桓公初期。据有关学者统计，这期间齐国正式参加的对外战争共13次，试列举如下。

公元前713年（齐僖公十八年）：郑、齐、鲁伐宋。公

① 徐喜辰：《周人的武装殖民与齐国的建立》，《管子与齐文化——〈管子〉与齐文化国际学术讨论会论文集》，北京经济学院出版社1990年版。

元前712年（齐僖公十九年）：郑、齐、鲁伐宋。公元前706年（齐僖公二十五年）：北戎伐齐，诸侯救齐。公元前705年（齐僖公二十六年）：郑会齐、卫之师伐盟向，周迁盟向之民于郏。公元前699年（齐僖公三十二年）：郑以纪、鲁之师与宋战，齐、卫、南燕之师助宋，齐、宋联军败绩。公元前698年（齐僖公三十三年）：宋与齐、蔡、卫、陈之师伐郑，大败郑师。公元前697年（齐襄公元年）：齐侵鲁疆。公元前693年（齐襄公五年）：齐为卫惠公复位兴师伐卫黔牟。公元前690年（齐襄公八年）：齐伐纪，纪侯出奔，纪亡。公元前689年（齐襄公九年）：卫惠公出奔齐，齐会鲁、宋、陈、蔡之师伐黔牟，助其复位。公元前686年（齐襄公十二年）：齐、鲁联军围郕，郕降于齐。公元前685年（齐桓公元年）：齐、鲁战于乾时。鲁庄公为公子纠争位，率鲁军伐齐，鲁师败绩。公元前684年（齐桓公二年）：齐鲁长勺之战。①

我们通过对上述战争进行分析，可以得出这样的结论：一方面，齐国的几代统治者利用王室衰微的有利局面，积极发展经济，扩充武力，结合军事外交手段，不断侵夺邻国的人口、土地，在诸侯国中的地位有所提高，开始成为一支不可忽视的力量，“于是乎小伯”②。另一方面，当时齐国国力、军力的发展毕竟有限，加上国君统治的残暴腐败，国内政局时治时乱，也在一定程度上减缓了军事力量的增长速

①② 参见《齐国史》附录（二）《齐国史大事年表》的有关记述，山东人民出版社1992年版。需要说明的是，该表的文字存在一些校对及印刷错误，在引用时已订正。

度，致使其影响力基本仍局限于东方。齐国在对外作战中有胜有败，而且多数是作为别的国家的与国参加作战的，甚至在遭到北戎进攻时尚难以单独抵御，依靠其他诸侯国的军事援助才转危为安。

在这一阶段齐国参加的历次战争中，以齐鲁长勺之战影响最大。这次战争的大致情况是：齐桓公即位不久，为报鲁国支持公子纠之仇，不顾管仲等人的劝阻，于公元前 684 年（齐桓公二年）春发兵攻鲁。而鲁庄公听取了大将曹刿的正确意见，在政治上、军事上都做了充分的准备。当双方军队在长勺（今山东曲阜北，一说在山东莱芜东北）对阵时，齐军求胜心切，凭借优势兵力向鲁军发起进攻，而鲁军按兵不动，坚守阵地，连续挫败了齐军的三次冲锋。乘齐军士气低落之机，曹刿果断地建议鲁庄公实施反击。鲁军以逸待劳，一鼓作气，大败齐军，并乘胜追击，把齐国军队赶出了国境。应当指出的是，这次战争虽然是齐桓公即位之初所遭受的一次重大挫折，但是战后齐国君臣较好地总结了经验教训，很快就重振军威，走上了图强争霸的道路。

第二阶段基本上是与齐桓公的在位时间相始终的。据统计，这期间齐国正式参加的对外战争共 17 次，试列举如下。

公元前 684 年（齐桓公二年）：齐师灭谭，谭君奔莒。公元前 681 年（齐桓公五年）：齐以遂不会北杏，灭遂。公元前 680 年（齐桓公六年）：宋背北杏之盟，齐桓公会陈、曹两国伐宋。周王命三国之师伐宋，宋请和。公元前 678 年（齐桓公八年）：郑背鄄之盟，齐会宋、卫之师伐郑。公元前 675 年（齐桓公十一年）：齐会宋、陈之师伐鲁。公元前 668 年（齐桓公十八年）：齐、宋、鲁三国之师伐徐。公元前

666 年（齐桓公二十年）：齐桓公伐卫，责以王命。公元前 664 年（齐桓公二十二年）：齐取鄣。齐伐山戎以解北燕危，齐桓公亲征，至令支、孤竹。公元前 661 年（齐桓公二十五年）：齐桓公出师救邢，败狄师。公元前 660 年（齐桓公二十六年）：赤狄伐卫，齐桓公使公子无亏率军助卫戍守。公元前 659 年（齐桓公二十七年）：赤狄攻邢，齐、宋、曹师救邢，败赤狄，迁邢于夷仪。齐、宋、曹为邢筑城，派军助邢戍守。公元前 656 年（齐桓公三十年）：齐桓公率齐、鲁、宋、卫、郑、许、曹、陈之师伐蔡，进而伐楚，诸侯与楚于召陵会盟。公元前 654 年（齐桓公三十二年）：齐以郑逃首止之盟，率诸侯伐郑。公元前 653 年（齐桓公三十三年）：齐桓公伐郑，郑请和，齐桓公会宋、鲁、陈与郑世子于宁母。公元前 650 年（齐桓公三十六年）：齐、卫伐北狄。公元前 644 年（齐桓公四十二年）：周王室有戎患，齐会诸侯之师戍周。①

通过对上述战争的情况进行分析，笔者认为至少可以归纳出这样几个特点：一是齐国卷入列国间战争的次数有所增加②，并且更多是单独或以召集国的身份参战的。二是随着齐国军事实力的不断增长和春秋首霸地位的逐步确立，它在对外作战中经常是以胜利者的姿态出现，而很少有失败的记录，邻近的一些小国相继被其吞并。荀子说过，齐国在对外

① 参见《齐国史》附录（二）《齐国史大事年表》的有关记述，山东人民出版社 1992 年版。需要说明的是，该表的文字存在一些校对及印刷错误，在引用时已订正。

② 除了前述历次战争外，这段时间齐国还以武力为后盾，迫使许多诸侯与其会盟。

战争中曾先后“并国三十五”①，其中大多数是在此期间完成的。三是齐国君臣巧妙地把同诸侯会盟与对外战争结合起来，通过会盟使各国听命于齐，如果哪个诸侯国敢于背盟叛齐，就诉诸武力，用战争的方式迫使其就范，战争取胜后再通过会盟使战败的对手回到自己的阵营中。可以说，这一阶段齐国成功地运用了打与拉的两种手段，并从中受益极多。

这一阶段齐国参加的战争是以争霸图强为核心的，其中尤以伐楚之战影响最大②，这次行动是当时齐国军事力量发展的一个高峰。此后齐国军队虽然又打了一些胜仗，但由于管仲、桓公相继去世，齐国内乱不已，国力有所下降，相当长的一段时间内在军事上再无精彩之作。

三、春秋中后期齐国参加的主要战争

我们认为，从公元前643年桓公去世起，齐国进入了春秋中后期，而到公元前476年齐国之政尽归陈恒为止，可以作为这段历史的终结。这一时期齐国的对外战争，从总体上看是以继续向周边邻国扩张和维持其大国地位为目的的。而笔者认为，从发生、进行及结果的显著变化来看，春秋中后期齐国参加的战争以公元前547年（齐景公元年）为界，也可以大致分为两个阶段。

第一阶段历经齐孝公、齐昭公、齐懿公、齐惠公、齐顷公、齐灵公、齐后庄公七位国君的统治，在时间上略当于春

① 《荀子·仲尼》。

② 具体战争过程参见本书第二章第三节的有关论述。

秋中期。据统计，这期间齐国正式参加的对外战争共26次，试列举如下。

公元前634年（齐孝公九年）：鲁、莒、卫盟于向，齐孝公以三国擅自会盟，命师伐鲁西鄙、北鄙。鲁引楚师伐齐、宋，取谷邑。公元前632年（齐昭公元年）：晋伐曹、卫以救齐、宋，齐、秦会晋师，城濮之战。公元前612年（齐懿公元年）：齐伐鲁西鄙，晋以齐擅伐鲁，谋讨之，齐贿晋，诸侯之师退，齐又伐鲁西鄙。公元前610年（齐懿公三年）：齐伐鲁西鄙，鲁请和，齐鲁盟于谷。公元前602年（齐惠公七年）：齐惠公会鲁宣公伐莱。公元前596年（齐顷公三年）：莒不事齐，齐伐之。公元前591年（齐顷公八年）：晋景公会卫太子伐齐，至齐阳谷，齐请和，晋、齐盟于缯。鲁不事齐，齐与晋盟，鲁乞楚师伐齐。公元前589年（齐顷公十年）：齐师伐鲁北鄙，取龙，南侵到巢丘。晋、齐鞌之战，齐师大败，齐请和，许复所夺鲁、卫之田。楚师伐卫伐鲁以救齐。鲁请和，楚与齐、秦、卫、陈、宋盟于蜀。公元前581年（齐灵公元年）：晋会齐、宋、鲁、卫、曹伐郑，郑贿晋请和。公元前578年（齐灵公四年）：晋率诸侯伐秦，齐与宋、卫、鲁、郑、曹会于京师，败秦。公元前575年（齐灵公七年）：齐参与晋、楚鄢陵之战，又参与伐郑之战，为郑所败。公元前574年（齐灵公八年）：齐参与晋伐郑。公元前572年（齐灵公十年）：晋会诸侯围彭城，为宋讨鱼石，因齐国不参加彭城之会，遂发兵攻打齐国，齐太子为质于晋国。公元前571年（齐灵公十一年）：齐灵公伐莱，莱贿赂灵公幸臣夙沙卫，齐师乃还。公元前567年（齐灵公十五年）：齐灭莱，一次赐给叔夷冶铁工人四千。齐晏弱破棠。公元前 564 年（齐灵公十八年）：晋会诸侯师伐郑，与盟于戏。公元前 559 年（齐灵公二十三年）：晋会齐、宋、鲁之师伐秦，是为迁延之役。公元前 558 年（齐灵公二十四年）：齐伐鲁北鄙，邾为齐伐鲁南鄙。公元前 557 年（齐灵公二十五年）：齐再伐鲁北鄙。公元前 556 年（齐灵公二十六年）：齐伐鲁，围桃与防，鲁师援防，齐师还。邾为齐伐鲁南鄙。公元前 555 年（齐灵公二十七年）：诸侯围临淄。齐师又伐鲁北鄙，晋平公会诸侯伐齐，焚四郭，攻扬门东闾，齐师不敢出，诸侯东侵及潍，南侵及沂，齐师皆城守。公元前 550 年（齐后庄公四年）：齐师伐晋，为报临淄之辱，为接应栾盈，先伐卫，再伐晋，兵分两路，一路入孟门，一路入太行陉，及闻盈氏之败，齐师还。公元前 549 年（齐后庄公五年）：晋会宋、鲁、卫、郑、莒、滕、邾、薛等国于夷仪，将以伐齐，齐乞师于楚。楚伐郑以救齐。公元前 548 年（齐后庄公六年）：晋会诸侯伐齐，齐请和，归罪庄公，伐齐诸侯与齐盟于重丘。①

通过对上述战争进行分析，我们可以得出这样的结论：一方面，这一阶段齐国参加的对外战争虽然有胜有负，在军事上尚能保持一定的实力，但是它在诸侯国中的威望和影响力已很难同晋、楚等国相抗衡了。另一方面，与此同时，齐国仍维持着地区霸主的地位，在晋、楚两大军事集团争霸中原的间隙，利用一切机会蚕食周边国家的土地。

---

① 参见《齐国史》附录（二）《齐国史大事年表》的有关记述，山东人民出版社 1992 年版。需要说明的是，该表的文字存在一些校对及印刷错误，在引用时已订正。

在这一阶段齐国参加的战争中，以晋齐鞌之战影响最大。这次战争的大致情况是：晋景公因齐顷公侮辱其使郤克并背盟结楚，于公元前589年（齐顷公十年）春联合鲁、卫两国军队伐齐。晋国出动兵车800乘、将士6万人，由执政郤克等率领向齐军进击。六月，齐军撤至鞌地（今山东济南东北任庄附近）与晋、鲁、卫三国联军对峙。双方决战前夕，齐顷公骄妄轻敌，扬言："余姑翦灭此而朝食。"[①] 齐军马不披甲就发起追击。在战斗中，晋军统帅郤克被箭射中，血流到鞋里，但仍击鼓督战。晋军士气高昂，奋力拼杀，齐军大败。晋军司马韩厥替代郤克指挥，继续追击溃败的齐军。齐顷公逃至华不注山下，被晋军包围，幸亏齐将逄丑父与其换装才未被擒获。鞌之战以齐军的惨败而告终。这场战争晋军之所以能够取胜，除了实力对比齐军略占优势外，主要是由于战略方针正确，战术运用得当。这里要说明的是，晋国虽然在鞌之战中击败了齐国，但它从战略高度进行考虑，为了改变在与楚国争霸中原时的不利态势，并不真想彻底打垮齐国，而只是想通过战争达到制服齐国、使之与己结盟的目的。齐国虽然遭到惨败，被迫接受了晋国比较苛刻的媾和条件，但其军事实力并没有受到根本性的削弱，故而战后仍能维持其大国的地位，在春秋中期的列国事务中继续发挥着比较重要的作用。

第二阶段历经齐景公、安孺子、悼公、简公、平公（在位的前五年）五位国君的统治，在时间上略当于春秋后期。据统计，这期间齐国正式参加的对外战争共15次，试列举

---

① 《左传·成公三年》。

如下。

公元前536年（齐景公十二年）：齐侯至晋，请伐北燕，以纳燕惠公，齐遂伐燕，晋参加此役。公元前526年（齐景公二十二年）：齐景公取道莒、郯伐徐，徐君赂齐以甲父之鼎，齐侯许之。公元前523年（齐景公二十五年）：齐伐莒，莒共公逃亡纪鄣，同年齐军攻陷纪鄣。公元前521年（齐景公二十七年）：诸侯之师平宋乱，华登率吴师援华氏，齐、宋之师败吴师于鸿口，诸侯之师败吴师，华登赴楚乞师。公元前520年（齐景公二十八年）：齐大夫北郭启伐莒败绩，齐景公亲伐莒，莒君请和，与齐盟于稷门之外。公元前516年（齐景公三十二年）：齐师取郓，使鲁昭公居之。公元前503年（齐景公四十五年）：齐侯以鲁君不会于咸，使国夏率师伐鲁西鄙。公元前502年（齐景公四十六年）：齐叛晋，鲁为晋伐齐，攻齐阳州、廪丘，齐攻鲁西鄙。公元前501年（齐景公四十七年）：齐与晋战于夷仪，齐先胜后败。公元前494年（齐景公五十四年）：齐景公、卫灵公会于乾侯，谋救范氏，齐、鲁、卫之师共伐晋，取棘蒲。公元前491年（齐景公五十八年）：晋伐荀寅、范氏，荀氏、范氏奔齐。公元485年（齐悼公四年）：吴王夫差为称霸北方，率师北上，会鲁、郯、邾之君，伐齐南鄙，吴大夫徐承率师自海上入齐，为齐所败，陈乞杀悼公，吴还。晋乘齐有吴患，伐齐，取犁及辕，毁高唐、赖而还。公元前484年（齐简公元年）：齐以二卿国书、高无邳率师伐鲁，讨其去年会吴师伐齐，冉求率左师冲入齐军，齐军大乱，夜遁。齐、吴艾陵之战，吴闻齐师伐鲁，率吴师会鲁师以讨齐，吴师中军大败齐师，俘国书等五大夫、革车八百乘、甲盾三千。

通过对上述战争进行分析，可以归纳出如下几个特点：首先，由于齐国国内的政治局势时好时坏，内部斗争此起彼伏，所以从总体上看，参加的对外战争次数有限，而且一般来讲规模都不太大。其次，齐景公当政的前半时期，在贤相晏婴的协助下，执行了一条较为灵活的军事外交政策，在基本上维持与晋国的结盟关系的同时，继续对周边的小国采取攻势，利用一切机会捞取实利。如齐伐燕之战、齐取道莒、郯伐徐之战、齐伐莒之战等就是典型的战例。再次，齐景公当政的后半期，齐国的军事力量已恢复到相当程度，加之晋、楚两国均面临着一系列的国内问题，对外影响力有所减弱，齐国乘机笼络一些诸侯国与两强抗衡。虽然齐景公“复霸”的企图并未在真正意义上实现过，但其在军事上的努力毕竟取得了一定的成效。最后，随着齐景公的去世，齐国恢复霸权的努力受到了极大的削弱。自安孺子以下的几代齐国国君在位时间都很短，无暇对外用兵，特别是陈氏的势力渐大，实际控制了齐国政权，处在新老交替时期的齐国军队内部矛盾重重，战斗力大打折扣，因此齐国这段时间在仅有的几次对外战争中多遭挫败。如公元前 485 年的晋伐齐之战、公元前 484 年的冉求率鲁军破齐之战及同年的齐吴艾陵之战等，均属这种战例。

第二节 战国时期齐国的主要战争

一、战国前期齐国参加的主要战争

我们认为，从整个先秦史的角度来看，应以公元前453年作为战国时期的开始。因为这年晋国的赵、韩、魏三家联合灭掉了势力最大的智氏而三分其封地，实际瓜分了晋国并奠定了战国七雄并立的格局。但是如果从齐国战争史的角度来看，则应以公元前475年作为战国时期的开始。这是因为在公元前476年，“齐田氏大于公室，齐国之政归于陈恒”①，田氏代齐实际上已经形成，标志着春秋时期的结束。

根据军事形势及作战情况的不同特点，我们也可以将战国时期齐国的战争史大致划分为前后两个时期，从公元前475年至公元前357年齐威王即位为战国前期。这一时期齐

① 参见王阁森、唐致卿主编：《齐国史》，山东人民出版社1992年版，第627页。

国受国内政治权力更迭的影响，对外战争在总体上已缺少开拓进取的精神，多处于比较被动的地位。而从发生、进行及结果的显著变化来看，战国前期齐国参加的战争以公元前391年（齐康公十四年）田和迁齐康公于海上为界，又可以大致分为两个阶段。

第一阶段历经齐平公统治的大部分时间、齐宣公、齐康公在位时期。据统计，这期间齐国正式参加的对外战争共14次，试列举如下。

公元前475年（齐平公六年）：齐、鲁、郑会于廪丘，共谋伐晋。公元前472年（齐平公九年）：齐、晋犁丘之战，齐高无邳率师抵御，齐师败。公元前471年（齐平公十年）：晋、鲁联军伐齐，取廪丘。公元前469年（齐平公十二年）：齐、郑伐卫。公元前468年（齐平公十三年）：晋伐郑，齐陈恒子率师救郑。公元前413年（齐宣公四十三年）：齐田白（谥庄子）率师攻魏，毁黄城，包围阳狐。公元前412年（齐宣公四十四年）：田白攻鲁，至莒和安阳。公元前411年（齐宣公四十五年）：田白攻鲁，取一城；田居思伐赵，围平邑。公元前408年（齐宣公四十八年）：齐伐鲁，取郕。公元前407年（齐宣公四十九年）：齐伐卫，取贯丘。公元前405年（齐宣公五十一年）：齐公孙会以廪丘叛入赵国，田布围廪丘，三晋联合往救，败齐军。公元前404年（齐康公元年）：三晋攻入齐长城。公元前394年（齐康公十一年）：齐攻鲁，取最，韩救鲁。①

① 参见《齐国史》附录（二）《齐国史大事年表》的有关记述，山东人民出版社1992年版。

通过对上述战争进行分析，我们大致可以总结出这样几个特点：

第一，这一阶段齐国国内经常发生流血冲突，政变不断，田氏虽然实际上基本控制了齐国的政权，但姜齐公族的影响力尚未完全消失，仍然具有相当实力，并且是各国公认的诸侯，至少在一定程度上还能发挥作用。在这种情况下，齐国的对外战争往往受到国内斗争的制约，或者成为转移注意力及提高自身地位的手段。

第二，田氏为了加快夺取姜齐政权的步伐，几代执政者大都在国内实施了一些客观上有利于增强国力、军力的进步措施，因此在有限的几次对外战争中，齐军居然胜多负少，并且陆续攻占了鲁西南等地，进一步扩大了版图。

第三，由于此时齐国军事领导权的转移尚未最后完成，国内的斗争被放在首要的位置，执政的田氏集团“兄弟宗人尽为齐都邑大夫”①，并力图搞好与邻国的关系，以减少其取代姜氏政权的阻力，所以这一阶段诸侯国间的会盟争霸及重大军事行动，齐国参加的都相对较少。在公元前468年至公元前413年的较长时间内，甚至没有齐国军队对外作战的记录，几乎处于自我封闭的状态。

第四，随着赵、韩、魏三家分晋局面的逐渐形成，战国前期的政治、军事形势都发生了深刻的变化，各国新兴力量上台后都积极地谋求向外发展。齐与三晋都有接壤，彼此间发生军事冲突在所难免。各国乘齐国统治者忙于内部争斗、无暇外顾之机，屡屡发起进攻，使齐军遭到一些挫败。特别

① 《史记·田敬仲完世家》。

是魏文侯在位时进行的政治、军事改革，较之同时期田氏集团在齐国的变革更彻底，社会效果更为显著，魏国的军事力量迅速增强。到齐康公统治末期，齐国在对外战争尤其是与三晋联军的作战中已很难再占到上风。

第二阶段历经齐康公在位的最后几年和田齐太公、田侯剡、田齐桓公统治时期。据统计，这期间齐国正式参加的对外战争共18次，试列举如下。

公元前390年（齐康公十五年）：齐攻魏，取襄陵；鲁败齐师于平陆。公元前385年（太公和二年）：赵败齐于灵丘；齐攻鲁，破之。公元前384年（太公和三年）：齐攻魏，赵救魏于廪丘，齐败。公元前382年（田侯剡二年）：赵围卫，魏、齐助卫攻赵。公元前380年（田侯剡四年）：齐攻燕，取桑丘。三晋救燕，败齐军。公元前379年（田侯剡五年）：赵袭卫，齐救卫。公元前378年（田侯剡六年）：韩、赵、魏伐齐至灵丘；齐伐燕，赵救燕。公元前373年（田齐桓公二年）燕败齐师于林营；鲁攻齐，入阳关；魏伐齐，至博陵。公元前372年（田齐桓公三年）：卫伐齐，取薛陵。公元前370年（田齐桓公五年）：赵伐齐，取甄。公元前368年（田齐桓公七年）：赵攻齐至长城；齐田寿率师伐魏，围观，观降。公元前366年（田齐桓公九年）：齐、赵战于阿。①

通过对上述战争进行分析，笔者认为可以归纳出这样几个特点：首先，以田齐太公把齐康公迁到海上为标志，齐国

① 参见《齐国史》附录（二）《齐国史大事年表》的有关记述，山东人民出版社1992年版。

政治、军事领导权的转移已告完成，田氏彻底取代了姜齐的地位，经过努力，田齐太公也得到周王的承认，成为诸侯。但是，齐国并未因此而立即强盛起来，长期以来国贫军弱的不利局面没有得到明显的改善。其次，田齐太公、田侯剡及田齐桓公三代统治者上台伊始，都把注意力较多地集中在扩大田氏影响、争取自身地位及巩固政治权力上，在军事改革方面着力不多，对外战争大都采取守势，至桓公午在位时虽然也采取了某些改良措施，然而效果并不理想。此时的齐国，不仅国力、军力远逊于强大的魏国，也不如赵、秦、楚等国强盛，甚至不比韩、燕、鲁、卫这样的小国更有实力。最后，这一阶段田氏集团内部也存在着尖锐复杂的矛盾和斗争，甚至出现了互相残杀以争夺君位的事件。激烈的内讧，不仅使国内改革的步伐放慢，而且引起了政局的混乱，进一步削弱了齐国的军事实力，使其在与各国进行的战争中经常处于被动挨打的境地。如三晋、燕、鲁等国对齐国连年的进攻，都给齐国以沉重的打击，可以说内忧外患已达到十分严重的程度。

二、战国中后期齐国参加的主要战争

我们认为，自公元前 357 年齐威王即位起，从战争史的角度来看，齐国进入了战国中后期，直到公元前 221 年齐国灭亡，这段历史才告终结。这一时期齐国的对外战争，从总体上说是以争霸中原为目的的。而从发生、进行及结果的显著变化来判断，战国中后期齐国参加的战争以公元前 284 年齐湣王被杀为界，又可以大致分为前后两个阶段。

第一阶段历经齐威王、齐宣王、齐湣王三代国君的统治，在时间上略相当于战国中期。据有关学者统计，这期间齐国正式参加的对外战争共23次，试列举如下。

公元前354年（齐威王三年）：齐攻燕，战于泃水，齐师遁。公元前353年（齐威王四年）：齐、魏桂陵之战。公元前352年（齐威王五年）：魏败齐师于襄陵，齐求和。公元前344年（齐威王十三年）：赵攻齐，取高唐。公元前342年（齐威王十五年）：齐、魏马陵之战。公元前341年（齐威王十六年）：齐田盼联合宋攻魏东鄙，围平阳。公元前333年（齐威王二十四年）：楚、齐徐州之役，齐败。公元前332年（齐威王二十五年）：齐、魏攻赵。公元前325年（齐威王三十二年）：齐田盼率军与赵、韩战于平邑，俘赵将韩举。公元前317年（齐宣王三年）：齐联宋败魏于观泽。公元前314年（齐宣王六年）：燕国内乱，齐匡章五旬攻下燕国。公元前312年（齐宣王八年）：齐、宋围魏煮枣，秦、韩、魏攻齐到濮水。公元前303年（齐宣王十七年）：齐、魏、韩攻楚，楚派太子入质于秦，秦救楚。公元前301年（齐宣王十九年）：齐、韩、魏攻楚方城，大败楚。公元前298年（齐湣王三年）：齐、韩、魏联军攻秦到函谷关。公元前297年（齐湣王四年）：齐、韩、魏继续攻秦。公元前296年（齐湣王五年）：齐、韩、魏攻秦，秦割地求和；齐伐燕，覆三军，获二将。公元前287年（齐湣王十四年）：苏秦、李兑约赵、齐、楚、韩、魏五国攻秦，秦还部分韩、魏地求和。公元前286年（齐湣王十五年）：赵将韩徐为攻齐。齐灭宋，宋王偃死于魏。公元前285年（齐湣王十六年）：秦蒙武攻齐，取齐九城。公元前284年（齐湣王十七年)：秦、韩、魏、赵、燕五国合纵攻齐，燕入齐临淄，魏取旧宋地，楚收淮北地，湣王被杀。①

我们通过对以上战争进行分析，可以大致归纳出这样几个特点：第一，齐威王田因齐是一位为政贤明、勇于变革的国君。他即位以后，面对长期以来齐国积弱、“诸侯并伐”②的严峻形势，痛下决心，励精图治。齐威王重视军事，弘扬兵学，以中兴齐国为己任。特别值得一提的是，在他身边聚集了一大批杰出的军事人才。经过在政治、经济、军事诸方面一系列卓有成效的改革，加之执行了比较正确的军事、外交政策，齐国很快强盛起来，先后在桂陵、马陵两大战役中打败魏国，奠定了齐国在中原取代魏国成为最强国的基础。第二，齐宣王在位时，力图继续推进齐威王开创的事业，开拓疆土，称雄天下。虽然此时齐国军队仍然保持着比较强大的实力，在对外战争中胜多负少，但是战场上取得的胜利，由于同政治、经济、外交等方面的措施不配套，并没有给齐国带来多少实际利益，反而无谓地耗费了大量的人力物力。再加上连年征战，过分地炫耀武力，穷兵黩武，不注意休养生息，也使得齐国的国库趋于空虚，军队的素质有所下降，逐渐变得外强中干。曾经威震天下的“齐之技击”③，此时已很难再与“秦之锐士”④及“魏氏之武卒”⑤相抗衡了。第三，到齐宣王统治后期特别是齐湣王在位期间，面对诸侯国之间日益错综复杂的“合纵连横”斗争，齐国君臣在军事、

① 参见《齐国史》附录（二）《齐国史大事年表》的有关记述，山东人民出版社 1992 年版。

② 《史记·田敬仲完世家》。

③④⑤ 《荀子·议兵》。

外交战略上连续出现重大失误，其中最主要的可以举出：未能坚持同楚国的军事联盟，当楚国在秦国军队的大举进攻下损兵折将、遭到削弱时，不但坐视不救，竟然目光短浅地乘人之危而取小利；在齐、秦相争，东、西并立之时，齐国军队曾有两次联合各国战胜秦军的机会，但均未能把握良机，乘胜前进，给对手以沉重打击，而是听信游说，贪图小利，轻易地撤走军队，结果功亏一篑，得不偿失，使诸侯联合抗秦的大好局面付诸东流；轻率地出兵燕国，虽然“五旬而破之，杀燕王哙，醢子之”①，但是齐国军队占领燕国后的残暴行为，不仅进一步激化了燕、齐矛盾，遭到燕国人的坚决反抗，而且也引起了其他各诸侯国的不满，致使他们“将谋救燕”②。结果在三年之后，齐军被迫撤离了燕国③，陷于被动。灭宋的时机也选择不当，既不注意休整军队，增强国力，又不考虑外部环境，结果吞并宋国以后，齐国的军事力量非常虚弱，已成强弩之末，而且同各诸侯国之间的关系变得骤然紧张起来。在燕国的积极策划下，形成五国伐齐这一极为不利的局面。④ 加之齐军选将不当，指挥失误，终于导致了军队溃败、国土沦陷、临淄城破、湣王命丧的严重后果。

在这一阶段齐国参加的战争中，以齐、魏桂陵之战，

---

① 参见王志民主编：《齐文化概论》，山东人民出版社 1993 年版，第 256 页。

② 《资治通鉴·周纪三》。

③ 马王堆出土帛书《战国纵横家书》中记载：“齐人攻燕，拔故国，杀子之，燕人不割而故国复反。”

④ 《史记·乐毅列传》载：“诸侯害齐湣王之骄暴，皆争合从与燕伐齐。”

齐、魏马陵之战，五国合纵攻齐的济西之战影响最大。这三次战争的具体情况在本书第二章中已有介绍，此不赘述。需要指出的是，桂陵之战和马陵之战是齐国军事力量发展到最高峰的标志，也是齐国战争史上最为辉煌的两次胜利。而济西之战则是整个战国时期齐国在军事上最惨痛的一次失败，也标志着齐国军事实力的急剧衰弱。从此，齐军再也不能同强大的秦国军队争雄天下了。

第二阶段历经齐襄王、齐王建两代国君的统治，在时间上略相当于战国后期。据有关学者统计，这期间齐国正式参加的对外战争共9次，试列举如下。

公元前283年（齐襄王元年）：赵攻取齐昔阳。公元前280年（齐襄王四年）：赵攻取齐麦丘。公元前279年（齐襄王五年）：田单收复齐失地；孟尝君卒，齐、魏共灭薛。公元前274年（齐襄王十年）：赵将燕周攻取齐昌城、高唐。公元前271年（齐襄王十三年）：赵将蔺相如攻齐至平邑。公元前270年（齐襄王十四年）：秦攻齐，取刚寿。公元前241年（齐王建二十四年）：赵攻齐，取饶安。公元前221年（齐王建四十四年）：秦王贲从燕南攻齐，虏齐王建，齐亡。①

通过对以上战争进行分析，我们至少可以归纳出这样一些结论：第一，齐襄王即位之时，齐国的大部分国土被燕国军队占领，实际上仅存莒和即墨两座孤城没有失陷，因得力

① 参见《齐国史》附录（二）《齐国史大事年表》的有关记述，山东人民出版社1992年版。需要说明的是，该表对战国时期齐国参加的对外战争的记载存在一些遗漏。例如公元前265年（齐襄王十九年）齐军击秦救赵之役就没有收入表中。

于名将田单等人的全力支撑，才不致亡国。田单率领即墨军民坚持数年，经过艰苦卓绝的斗争和巧施一连串奇谋妙计，终于一举打败了燕军，基本收复了全部的失地。[①] 第二，虽经田单复国，但遭此一劫，齐国已元气大伤，加之错过了快速发展的历史契机，在争霸战争中已难以有所作为，不仅不是强秦的对手，在赵国军队的进攻下也屡遭败绩，相继失去了昔阳、麦丘、昌城、高唐等地。第三，齐王建即位后，其母君王后听政，统治集团贪图享乐，不思进取，政治腐败，不修武备，连田单等人也因难以容身而转投他国，齐国已没有军事方面的人才可用了。第四，君王后和齐王建奉行了一条“事秦谨，与诸侯信”[②] 的外交政策，就是“卑辞重币”[③] 以结交秦国，在五国合纵抗秦时不出兵不出粮，隔岸观火，苟且偷安。虽然使战国末期齐国的对外战事大幅度减少[④]，但是亡国的危险进一步加剧了。直到五国灭亡的紧急关头，齐王建仍然心存幻想，不做准备，结果在秦军的凶猛进攻面前只能束手就擒了。

---

① 《史记·田单列传》载：“齐人追亡逐北，所过城邑皆畔燕而归田单，兵日益多，乘胜，燕日败亡，卒至河上，而齐七十余城皆复为齐。”

② 《史记·田敬仲完世家》。

③ 《史记·范雎列传》。

④ 《史记·田敬仲完世家》中称：“王建立四十余年不受兵。”

后 记

从正式接受《齐国军事史》项目以来，这个荣幸而艰巨的任务就始终像一副重担沉甸甸地压在我的心头。历时三年，几经周折，现在终于写完了最后一页，真是如释重负，顿感轻松。

多年以来，我对先秦军事史特别是齐国军事史的研究情有独钟，在这方面也曾发表过一些文章，出版过相关的论著。但是，单独撰写这样一部学术性较强的国别专史，对于我来说还是一次勉为其难的尝试。对该研究课题整体上的愉快承担，并不能免除由于知识的不足在具体写作过程中的捉襟见肘。

我所从事的编辑职业，白天一般要投入全部心力，晚上也时常忙于发稿和校对。科研任务虽然紧迫，但也必须以不影响本职工作为前提。与此同时，我在家庭中又同时身兼儿子、丈夫、父亲的三重身份，虽然未必十分称职，却也负有不可推卸的责任。另外，身体的不适也给我带来了一定的困扰。由于上述原因，近一年多来我的写作计划每每受到冲击，虽已竭尽全力，不敢稍有松懈，仍然不得不一拖再拖，方告完稿。

书稿之所以能够最终写成，除了自己的努力之外，还得力于家人和众多师友的支持与帮助。其中要特别提到的是：淄博师专齐文化研究所的李金海、宣兆琦、王志民、邱文山等先生始终关注着书稿的进展情况，并给予了很多的敦促与鼓励，令人难忘；齐文化研究专家、南开大学历史系教授王连升先生在百忙之中欣然作序，并且提出了宝贵的意见，褒奖有加；军事科学院战略部副研究员黄朴民先生毫无保留地提供了一些文献资料以及他自己的学术见解，对我来说具有重要的参考价值。另外，书稿在写作过程中还参考或引用了先达时贤的一些成说，在此一并致以衷心的感谢！

作者

1996年10月于天津

再版后记

《齐国军事史》这部书稿写成于1996年，出版于1997年。作为研究齐国军事历史以及诸侯国军事历史的第一部著作，该书问世伊始就在业内产生了一定的影响，并且获得了若干奖项。但是，《齐国军事史》从一开始就存在着两点“先天不足”，一是受“齐文化丛书”体例限制，与《齐国科技史》“被合编”在一册；二是全书仅十多万字，容量太小。一些友人、同行在书评和来信中都曾提及此事，敦促我择机再出增订本。

转眼18年过去，相关研究成果已出版了不少，考证商讨，间有妙得。我本人多年以来在某些重要课题上也随时汲取新的观点，注意收集新的资料，不断地予以补充修改，至今终于草成20余万字的修订版。

本书修订版的出版，要特别感谢齐鲁书社的宫晓卫社长，他的支持和鼓励是我及时完成此书的重要因素；要特别感谢南开大学历史学院著名历史学家南炳文教授，他热情洋溢的序言使本书增色不少。在写作过程中，我还得到了家人、友人的理解和帮助。本书付梓之际，请允许我一并表达感激之情。

徐勇

2014 年 11 月 20 日